岩 波 文 庫

33-689-1

論 理 哲 学 論 考

ウィトゲンシュタイン著
野 矢 茂 樹 訳

JN282612

岩 波 書 店

Ludwig Wittgenstein

TRACTATUS LOGICO-PHILOSOPHICUS

凡　例

一、本訳書の底本には *Tractatus Logico-Philosophicus* の一九三三年に出版された改訂版を用いた。

一、原書のはじめに付されている「バートランド・ラッセルによる解説」は、本訳書では『論理哲学論考』本文の後に付した。

一、訳者挿入は〔　〕で括って小さな文字で示した。

一、訳注は(1)(2)……と該当箇所に注番号を付し、巻末に一括して掲げた。

一、論理記号については「訳注補遺」として訳注の後にまとめて解説を与えた。

一、巻末に訳者の責任で索引を付した。

目　次

論理哲学論考

わが友デイヴィッド・H・ピンセント(1)の思い出に捧げる

モットー　……そして、ひとの知ることはすべて三語で語られうる。他はただざわめきや喧騒が聞こえたにすぎない。

キュルンベルガー(2)

序

おそらく本書は、ここに表されている思想――ないしそれに類似した思想――をすでに自ら考えたことのある人だけに理解されるだろう。――それゆえこれは教科書ではない。――理解してくれたひとりの読者を喜ばしえたならば、目的は果たされたことになる。

本書は哲学の諸問題を扱っており、そして――私の信ずるところでは――それらの問題がわれわれの言語の論理に対する誤解から生じていることを示している。本書が全体としてもつ意義は、おおむね次のように要約されよう。およそ語られうることは明晰に語られうる。そして、論じえないことについては、ひとは沈黙せねばならない。

かくして、本書は思考に対して限界を引く。いや、むしろ、思考に対してではなく、思考されたことの表現に対してと言うべきだろう。というのも、思考に限界を引くにはわれわれはその限界の両側を思考できねばならない（それゆえ思考不可能なことを思考できるのでなければならない)からである。

したがって限界は言語においてのみ引かれうる。そして限界の向こう側は、ただナンセンスなのである。

私の為そうとしたことが他の哲学者たちの試みとどの程度一致しているのか、私はそのようなことを判定するつもりはない。実際私は、本書に著した個々の主張において、その新しさを言い立てようとはまったく思わない。私がいっさい典拠を示さなかったのも、私の考えたことがすでに他のひとによって考えられていたのかどうかなど、私には関心がないからにほかならない。

ただ、私の思想がフレーゲ(3)の偉大な業績と友人バートランド・ラッセル(4)氏の諸著作から多くの刺激を受けていることは、ひとこと述べておきたい。

この著作に価値があるとすれば、それは二つの異なる側面から捉えられる。ひとつは、ここに表現された思想という点においてである。その側面からすれば、思想がうまく表現されていればいるほど、核心をついていればいるほど、価値は大きいものとなるだろう。――この点において、なお改善の余地がおおいに残されていることを、私は自覚している。理由は端的に、その課題を果たすのに私では力量不足ということである。――

誰か、よりよく果たせるひとの現れんことを。

他方、本書に表された思想が真理であることは侵しがたく決定的であると思われる。それゆえ私は、問題はその本質において最終的に解決されたと考えている。そしてもしこの点において私が誤っているのでなければ、本書の価値の第二の側面は、これらの問題の解決によって、いかにわずかなことしか為されなかったかを示している点にある。

ウィーン、一九一八年

L・W

一　世界は成立していることがらの総体である。

一・一　世界は事実の総体であり、ものの総体ではない。

一・一一　世界は諸事実によって、そしてそれが事実のすべてであることによって、規定されている。

一・一二　なぜなら、事実の総体は、何が成立しているのかを規定すると同時に、何が成立していないのかをも規定するからである。

一・一三　論理空間[5]の中にある諸事実、それが世界である。

一・二　世界は諸事実へと分解される。

一・二一　他のすべてのことの成立・不成立を変えることなく、あることが成立していることも、成立していないことも、ありうる。

二　成立していることがら、すなわち事実とは、諸事態[6]の成立である。

二・〇一　事態とは諸対象[7](もの)の結合である。

二・〇一一　事態の構成要素になりうることは、ものにとって本質的である。

二・〇一二　論理においては何ひとつ偶然ではない。あるものがある事態のうちに現れうるならば、その事態の可能性はすでにそのものにおいて先取りされていなければならない。

二・〇一二一　かりに、ものがまずそれ自体単独で成立しえて、そのあとにそれがある状況のうちに現れるというのであれば、そのものがその状況に現れたことはまるで偶然であるかのようにも思われよう。

ものが事態のうちに現れうるのなら、その可能性はもののうちに最初から存していなければならないのである。

(論理的なことは、たんなる可能性ではありえない。論理はすべての可能性を扱い、あらゆる可能性は論理においては事実となる。)

およそ空間の外に空間的対象を考えることはできず、時間の外に時間的対象を考えることはできないように、他の対象との結合可能性の外にはいかなる対象も考えることはできない。

私がある対象をある事態の文脈において考えることができるならば、そのとき私には、その文脈の可能性の外にその対象を考えることはできないのである。

二・〇一二二　ものが自立的と言われるのは、それがすべての可能な状況のうちに現れうるからでしかない。すなわち、この自立性の形式はものと事態との連関の形式であり、非自立性の形式なのである。（同じ言葉が、単独で用いられたり命題の中で用いられたりと、二様の異なる仕方で用いられることはありえない。）

二・〇一二三　私が対象を捉えるとき、私はまたそれが事態のうちに現れる全可能性をも捉える。

（そうした可能性のいずれもが対象の本性になければならない。）

あとから新たな可能性が発見されることはありえない。

二・〇一二三一　対象を捉えるために、たしかに私はその外的な性質を捉える必要はない。しかし、その内的な性質[8]のすべてを捉えなければならない。

二・〇一二四　すべての対象が与えられるとき、同時にすべての可能な事態も与えられる。

二・〇一三　いかなるものも、いわば可能な事態の空間のうちにある。私は、この空間が空《くう》であると考えることはできるが、空間を欠いたものを考えることはできない。

二・〇一三一　空間的対象は無限の空間のうちにあらねばならない。（空間点は対象を項とする座[9]である。）

視野内の斑点は必ずしも赤くある必要はないが、しかし色をもたねばならない。いわばそれは色空間に囲まれている。音はなんらかの高さをもち、触覚の対象はなんらかの硬さをもつ、等々。

二・〇一四 対象はすべての状況の可能性を含んでいる。

二・〇一四一 事態のうちに現れる可能性が対象の形式である。

二・〇二 対象は単純である。

二・〇二〇一 複合的なものについての言明はいずれも、その構成要素についての言明と、その複合されたものを完全に記述する命題とに、分解されうる。

二・〇二一 対象が世界の実体を形づくる。それゆえ対象は合成されたものではありえない。

二・〇二一一 世界にいかなる実体も存在しないとしたら、命題が意味をもつか否かは、他の命題の真偽に依存してしまうことになる。

二・〇二一二 そのとき、世界の像を(真であれ偽であれ)描くことは不可能となる。

二・〇二二 たとえどれほど現実と異なって想像された世界であっても、あるもの——ある形式——を現実と共有していなければならない。それは明らかなことである。

二・〇二三 この不変の形式はまさに対象によって作られる。

二・〇二三一　世界の実体が規定しうるのは、ただ形式のみであり、実質的な世界のあり方ではない。なぜなら、世界のあり方は命題によってはじめて描写されるのであり、すなわち、諸対象の配列によってはじめて構成されるからである。

二・〇二三二　ひとことで言うならば、対象は無色なのである。

二・〇二三三　同じ論理形式[10]をもつ二つの対象は、それらの外的性質を除けば、ただそれらが別物であるということによってのみ、互いに区別される。

二・〇二三三一　あるものが、他のどのものにもない性質をもっている場合、そのときには記述によってただちにそれを他のものから区別し、指示することができる。そうでないとすれば、すべての性質を共有する複数のものがあることになるが、その場合にはそれらから一つのものを取り出して指し示すことはまったく不可能である。というのも、識別の手がかりとなる性質が何もないときには、私はそのものを識別できないから。つまり、手がかりが得られているときにはそれはもうすでに識別されているというわけである。

二・〇二四　実体とは、何が事実として成立しているかとは独立に存在するものである。

二・〇二五　実体は形式と内容からなる。

二・〇二五一　空間、時間、そして色（なんらかの色をもつということ）は対象の形式である。

二・〇二六　対象が存在するときにのみ、世界の不変の形式が存在しうる。

二・〇二七　不変なもの、存在し続けるもの、対象、これらは同一である。

二・〇二七一　対象とは不変なもの、存在し続けるものである。対象の配列が、変化するもの、移ろうものである。

二・〇二七二　対象の配列が事態を構成する。

二・〇三　事態において諸対象は鎖の環《わ》のように互いに繫《つな》がりあっている。

二・〇三一　事態において諸対象は特定の仕方で互いに関係している。

二・〇三二　諸対象が事態において結合する仕方が事態の構造である。

二・〇三三　構造の可能性が形式である。

二・〇三四　事実の構造は諸事態の構造からなる。

二・〇四　成立している事態の総体が世界である。

二・〇五　成立している事態の総体はまた、どの事態が成立していないかをも規定する。

二・〇六　諸事態の成立・不成立が現実である。

（われわれはまた、ある事態が成立していることを「肯定的事実」と呼び、成立していないことを「否定的事実」とも呼ぶ。）

二・〇六一　事態は互いに独立である。

二・〇六二　ある事態の成立・不成立から、他の事態の成立・不成立を推論することはできない。

二・〇六三　現実の全体が世界である。

二・一　われわれは事実の像[11]を作る。

二・一一　像は、論理空間において、状況を、すなわち諸事態の成立・不成立を表す。

二・一二　像は現実に対する模型である。

二・一三　像の要素は像において対象に対応する。

二・一三一　像の要素は像において対象の代わりとなる。

二・一四　像は、その要素が特定の仕方で互いに関係するところに成り立つ。

二・一四一　像はひとつの事実である。

二・一五　像の要素が互いに特定の仕方で関係していることは、ものが〔それと同じ仕方で〕互いに関係していることを表している。

像の要素のこのような結合を構造と呼び、構造の可能性を像の写像形式と呼ぶ。

二・一五一　ものは、像の要素と同じ仕方で互いに関係しうる。写像形式とはその可能性にほかならない。

二・一五一一　像はこのようにして現実と結びついている。像は現実に到達する。

二・一五一二　像は物差しのように現実にあてがわれる。

二・一五一二一　あてがわれた両端の目盛だけが、測られる対象に触れている。

二・一五一三　それゆえ、この捉え方に従えば、像を像たらしめる写像関係もまた、像に属するものとなる。

二・一五一四　写像関係は像の要素とものとの対応からなる。

二・一五一五　この対応は、いわば像の要素の触角であり、像はこの触角で現実に触れるのである。

二・一六　事実は、像であるためには、写像されるものと何かを共有せねばならない。

二・一六一　およそある事実が他の事実の像でありうるには、像と写像されるものにおいて何かが同一でなければならない。

二・一七　像が像という仕方で現実を——正誤はともかくとして——写しとっているために現実と共有していなければならないもの、それは写像形式である。

二・一七一　像は、それと形式を共有するすべての現実を写しとれる。空間的な形式をもつ像はすべての空間的な現実を写しとれ、色の形式をもつ像は色に関するすべての現実を写しとれる、等々。

二・一七二　しかし像は自分自身の写像形式を写しとることはできない。像はそれを提示している。

二・一七三　像はその描写対象を外から描写する(描写の視点にあたるのが描写形式である)。だからこそ、像は描写対象を正しく描写したり誤って描写したりすることになる。

二・一七四　しかし像はその描写形式の外に立つことはできない。

二・一八　およそ像が現実を——正しいにせよ誤っているにせよ——写しとることができるために、いかなる形式の像であれ、現実と共有していなければならないもの、それが論理形式、すなわち、現実の形式である。

二・一八一　その写像形式が論理形式であるとき、その像は論理像と呼ばれる。

二・一八二　すべての像は論理像でも**も**ある。(それに対して、たとえば、すべての像が空間的な像であるわけではない。)

二・一九　世界を写しとることができるのは、論理像である。

二・二　像は写像されるものと写像の論理形式を共有する。

二・二〇一　像は事態の成立・不成立の可能性を描写することによって現実を写しとる。

二・二〇二　像は論理空間における可能的状況を描写する。

二・二〇三　像は、それが描写する状況が成立可能であることを含んでいる。

二・二一　像は現実と一致するかしないかである。すなわち、正しいか誤りかであり、真か偽かである。

二・二二　像は、描写内容の真偽とは独立に、その写像形式によって描写を行なう。

二・二二一　像が描写するもの、それが像の意味である。

二・二二二　像の真偽とは、像の意味と現実との一致・不一致である。

二・二二三　像の真偽を知るためには、われわれは像を現実と比較しなければならない。

二・二二四　ただ像だけを見ても、その真偽は分からない。

二・二二五　ア・プリオリ[12]に真である像は存在しない。

三　事実の論理像が思考[13]である。

三・〇〇一　「ある事態が思考可能である」とは、われわれがその事態の像を作りうるということにほかならない。

三・〇一　真なる思考の総体が世界の像である。

三・〇二　思考は、思考される状況が可能であることを含んでいる。思考しうることはまた可能なことでもある。

三・〇三　非論理的なものなど、考えることはできない。なぜなら、それができると言うのであれば、そのときわれわれは非論理的に思考しなければならなくなるからである。

三・〇三一　かつてひとはこう言った。神はすべてを創造しうる。ただ論理法則に反することを除いては、と。——つまり、「非論理的」な世界について、それがどのようであるかなど、われわれには語りえないのである。

三・〇三二　「論理に反する」ことを言語で描写することはできない。それは、幾何学において、空間の法則に反する図形を座標で表したり、存在しない点の座標を示したりすることができないのと同様である。

三・〇三二一　なるほど物理法則に反した事態を空間的に描写することはできよう。しかし、幾何法則に反した事態を空間的に描写することはできない。

三・〇四　ア・プリオリに正しい思考があるとすれば、それは、その思考が可能であるというだけでそこからその真理性が引き出されてくるようなものであるだろう。

三・〇五　ある思考が真であるとア・プリオリに知りうるのは、ただ、思考自身から(比較対象なしに)その真理性が認識されうるときだけである。

三・一　思考は命題において知覚可能な形で表される。

三・一一　われわれは、可能な状況を射影するものとして、命題という知覚可能な記号(音声記号、文字記号、等々)を用いる。

命題に対してその意味を考えること、それはすなわち射影方法を考えることにほかならない。

三・一二　われわれが思考を表現するのに用いている記号を、私は命題記号と呼ぶ。そして命題とは、世界と射影関係にある命題記号である。

三・一三　命題には射影に属するすべてのことが属するが、射影されるものは属さない。

つまり、命題に属するのは、射影されるものの可能性であり、射影されるものそれ自身ではない。

それゆえ、命題にはそれが意味する事実までは含まれていない。他方、その事実を表現する可能性は含まれている。

(「命題の内容」とは、すなわち有意味な命題の内容のことである。)

命題に含まれるのは意味の形式であり、内容ではない。

三・一四　命題記号は、そこにおいて命題の要素、すなわち語が特定の仕方で互いに関係しあうことによって成り立っている。

命題記号はひとつの事実である。

三・一四一　命題は語の寄せ集めではない。――(音楽の主題が音の寄せ集めではないように。)

命題が語へと分節化されるのである。

三・一四二　意味を表現しうるのはただ事実だけであり、名の集まりではない。

三・一四三　命題記号がひとつの事実であることは、手書き文字や活字という通常の表現形態によって見えにくいものとなっている。

というのも、たとえば印刷された命題では、命題記号と語との本質的な相違が一見したところ分からないからである。

(フレーゲが命題を合成された名と呼んだことも、この混同から生じたものと言えよう[14]。)

三・一四三一　命題記号が文字ではなく、(机、椅子、本といった)空間的な対象から構成されていると想像すれば、命題記号の本質はきわめて明らかになる。
その場合、これらのもの相互の空間的位置が命題の意味を表現することになる。

三・一四三二　「複合記号「aRb」が、aがbに対して関係Rにあることを語っている。」否。そうではなく、「a」が「b」に対してしかじかの関係にあるという事実が、aRbという事実を語っているのである。

三・一四四　状況は記述されうるものであり、名指されうるものではない。
(名は点にたとえられ、命題は矢にたとえられる。命題は(肯定・否定という二方向の)意味をもつ。)

三・二　思考は命題で表現される。そのさい、思考に含まれる諸対象に命題記号の諸要素が対応する。

三・二〇一　この要素を私は「単純記号」と呼ぶ。そこにおいて命題は「完全に分析された」と言われる。

三・二〇二　命題において用いられた単純記号は名[15]と呼ばれる。

三・二〇三　名は対象を指示する。対象が名の意味である。(「A」は〔それと別の箇所に書かれた〕「A」と記号としては同一である。)

三・二一　命題記号における単純記号の配列に、状況における対象の配列が対応する。

三・二二　名は命題において対象の代わりをする。

三・二二一　対象に対して私は名を与えることができるだけである。そうして記号は対象の代わりをする。私は対象について〔その性質等を〕語ることはできるが、〔性質を抜きにして〕対象を〔単独で〕言い表すことはできない。命題はただものがいかにあるかを語りうるのみであり、それが何であるかを語ることはできない。

三・二三　単純記号へと分析可能であるという要請は、すなわち、命題の意味が確定していることの要請にほかならない。

三・二四　複合的なものに関する命題は、その構成要素に関する命題と内的関係にある。
複合的なものは記述によってのみ与えられうる。そして記述は正しいか正しくないかのいずれかとなる。複合的なものについて述べた命題は、その複合的なもの[16]が存在しない場合、ナンセンスではなく、ただ偽となる。
命題中のある要素が複合的なものを表していることは、その要素を含む命題に

〔意味の〕不確定なところがあることから見てとれる。われわれは、この命題ではまだすべてが確定しているわけではないことを知っている。（一般性(17)の表記が含んでいるのは、実際、一つの原型(18)にほかならない。）

複合的なもののシンボルを一つの単純なシンボルにまとめるとき、それは定義によって表現されうる。

三・二五　命題の完全な分析が一つ、そしてただ一つ存在する。

三・二五一　そのとき命題は、確定した、明確に示しうる仕方で、その内容を表現する。すなわち、命題は分節化されている。

三・二六　定義を用いて名をさらに分解することはできない。名は原始記号である。

三・二六一　定義によって導入された記号はすべて、その定義に用いられている記号を通して、〔複合的なものを〕表現する。定義はそうして〔複合的なものに至る〕道を教える。

原始記号および原始記号によって定義された記号、この二種の記号が同じ仕方でものを表すことはありえない。名を定義によって他の記号へと分割することはできない。（他の記号に依存することなくそれだけで意味をもつ記号を、定義によって他の記号へと分割することはできない。）

三・二六二　記号において表現されえないことを、記号の使用が示す。その記号が呑み込んでいるものを、記号の使用が表《おもて》に現す。

三・二六三　原始記号の意味は解明によって明らかにされうる。解明とは、その原始記号を命題において用いることである。それゆえそれらの記号の意味にすでになじんでいるひとだけが、解明を理解しうる。

三・三　命題のみが意味内容をもつ。名は、ただ命題という脈絡の中でのみ、指示対象をもつ。(19)

三・三一　命題の意味を特徴づける命題の各部分を、私は表現（シンボル）と呼ぶ。

（命題自身が一つの表現である。）

命題の意味にとって本質的で、諸命題が共通の部分としてもちうるもの、なんであれそうしたものが表現である。

表現は形式と内容を特徴づける。

三・三一一　表現は、その表現を含むすべての命題の形式を前提する。それゆえその表現は、それを含む諸命題の集合を特徴づける共通のメルクマールとなる。

三・三一二　したがって表現は、それが特徴づける諸命題の一般形式によって表される。

つまり、その諸命題の一般形式において、当の表現は定項となり、他のすべては変項となるわけである[20]。

三・三一三 表現はそれゆえ、変項を用いて〔関数として〕表される。その〔関数の〕値はその表現を含む命題である。

(極端な場合には、命題全体が表現として捉えられ、そのとき変項は定項になる。)

命題を値とする〔関数に現れる〕このような変項を、私は「命題変項」と呼ぶ。

三・三一四 表現は命題の中でのみ意味をもつ。すべての変項は命題変項として解釈されうる。

(名の変項も同様である。)

三・三一五 ある命題の一つの構成要素を変項に変えたとする。そのとき、そうしてできた可変的命題の値となる命題全体の集合が存在する。一般にこの集合は、われわれが命題の構成部分にどういう意味を与えるかという恣《し》意的な取り決めに、なお依存している。しかし、意味が恣意的に決められるそうした記号をすべて変項にしてしまっても、それでも依然としてその値となる命題の集合が一つ存在する。そしてそのときにはもはやその集合はいかなる取り決めにも依存せず、ただ命題の本性にのみ関わるものとなる。この命題の集合は、論理形式——論理的原型——に対応する。

三・三一六 それぞれの命題変項について、それがいかなる値を取りうるかは定まっている。

この値の確定こそが、その変項の実質にほかならない。

三・三一七 命題変項に対する値の確定とは、この変項を共通のメルクマールとする諸命題を列挙することである。

値を確定するとは、諸命題を記述することである。

それゆえ、値を確定することはただシンボルにのみ関わり、その意味には関わらない。

値の確定がシンボルの記述にすぎず、それが何を表しているかには触れないということ、値の確定にとって本質的なのはこのことだけである。

われわれがその命題をどう記述するかは本質的ではない。

三・三一八 私は——フレーゲやラッセルと同様——命題をそこに含まれている諸表現の関数として捉える。

三・三二　記号はシンボルの知覚可能な側面である。

三・三二一　それゆえ二つの異なるシンボルが同じ記号(文字記号、音声記号、等々)を共有することがありうる。そのときそれらは同じ記号ではあるが、異なった仕方で表示することになる。

三・三二二　二つの対象を同じ記号で表したからといって、その表し方が異なる以上、それをもって二つの対象に共通のメルクマールを取り出したことになりはしない。実際、どういう記号を使うかは恣意的だからである。それゆえ、二つの異なる対象に対しては二つの異なる記号を選ぶことも許される。そうすれば、表示における共通の見かけは払拭されることになるだろう。

三・三二三　日常言語では、同じ語が異なった仕方で表現をする——つまり同じ語が異なったシンボルに属する——ことがきわめて多い。あるいはまた、異なった仕方で表現をする二つの語が外見上は同じ仕方で命題中に用いられることも。

たとえば‘ist’(……である、……がある)という語は、繋辞《けいじ》として、等号として、あるいは存在の表現として、用いられる。「存在する」は「行く」のような自動詞として一括され、「同じ」は形容詞として扱われる。‘etwas’(何ものか、何ごとか」という語で、われわれは何かある対象についても語り、また何かあるできごとが起こると語ったりもする。

(「緑は緑である」という命題——はじめの語は人名であり、あとの語は形容詞である——において、これらの言葉はたんに意味が違うというだけではなく、それぞれ異なったシンボルなのである。)

三・三二四 かくしてもっとも基本的な混同が容易に生じる。(哲学の全体がこうした混同に満ちている。)

三・三二五 こうした誤謬《ごびゅう》を避けるために、異なるシンボルに同じ記号が使用されていたり、表現の仕方の異なる記号が同じ仕方で使用されているかのような見かけをもっていたりすることのない、誤謬を排した記号言語、すなわち、論理的文法——論理的構文論——を忠実に反映した記号言語を用いなければならない。

(フレーゲとラッセルの概念記法[21]はそのような言語であったが、なお十分なものではない。)

三・三二六 記号からシンボルを読みとるには、有意味な記号使用に目を向けねばならない。

三・三二七 論理的構文論に従った使用をまってはじめて、記号の論理形式が定まる。

三・三二八　使用されない記号は意味をもたない。これがオッカムの格言[22]の意味にほかならない。

（逆に、その記号があらゆる場面で意味をもつかのように使用されているのならば、その記号は実際に意味をもつのである。）

三・三三　論理的構文論においては、断じて記号の意味が役割を果たすようなことがあってはならない。論理的構文論は記号の意味を論じることなく立てられねばならず、そこではただ諸表現を記述することだけが前提にされうる。

三・三三一　この見解に立つと、ラッセルの「タイプ理論[23]」の内実が見えてくる。ラッセルの誤りは、記号の規則を立てるのに記号の意味を論じなければならなかった点に示されている。

三・三三二　いかなる命題も自分自身について語ることはできない。なぜなら、ある命題記号が当の命題記号自身のうちに含まれることはありえないからである。（これが「タイプ理論」のすべてである。）

三・三三三　関数自身をその関数の入力項とすることはできない。なぜなら、関数記号はすでに入力項の原型を含んでおり、そしてその原型には自分自身は含まれえないからである。

そこで、〔関数fxを変項とする〕関数F(fx)が自分自身の入力項になりえたと仮定してみよう。そのとき、「F(F(fx))」という命題が存在することになる。ところがこの命題において外側の関数Fと内側の関数Fは異なる意味をもっているのでなければならない。というのも、内側は$\phi(fx)$という形式であるのに対し、外側は$\phi(\phi(fx))$となるからである。二つの関数に共通なものは文字「F」にすぎない。だが文字はそれ自体では何も表さない。

このことは、「F(Fu)」の代わりに「$(\exists\phi):F(\phi u).\phi u=Fu$」[24]と書くと、ただちに明らかになる。

かくして、ラッセルのパラドクスは片づく。

三・三三四 論理的構文論の規則は、各々の記号が対象を表す仕方が知られさえすれば、自ずから理解されるのでなければならない。

三・三四 命題は本質的な側面と偶然的な側面をもつ。

偶然的な側面とは、命題記号を書いたり声に出したりするその特定の仕方に由来するものである。それに対して、ただ本質的な側面だけが、命題がその意味を表現することを可能にする。

三・三四一　それゆえ命題における本質的なものとは、同じ意味を表現しうるすべての命題が共有するものである。

同様に、シンボルにおいて本質的なものとは、同じ目的を果たしうるすべてのシンボルが共有するものである。

三・三四一一　それゆえこう言うこともできよう。同じ対象を表すシンボルのすべてに共通するもの、それが本来の名である。かくして、〔たとえ名と名を組み合わせて新たな名を作ろうとも、〕その名がどのように合成されているかは名にとっていささかも本質的ではない。そのことは名を合成する各ステップにおいて示されるだろう。

三・三四二　われわれの表記法にはたしかに恣意的な面がある。しかし、恣意的にせよひとたびそれを取り決めたならば、他のことがらもそれに応じて定まったものとならねばならない。このことは、けっして恣意的ではない。（これは表記法の本質に関わる。）

三・三四二一　〔記号の偶然的な側面に関わる〕特定の表現方法は重要でないとしても、その表現方法が可能であること、それはつねに重要である。とりわけ哲学においては重要である。個別例そのものが重要なのではないとはたびたび指摘されることであるが、しかし、そうした個々の事例の可能性は、われわれに世界の本質を開示するのである。

三・三四三　定義とは、ある言語から他の言語への翻訳規則である。正しい記号言語はいずれも、そのような規則に従って任意の他の言語へと翻訳可能でなければならない。これが、すべての正しい記号言語が共有するものである。

三・三四四　シンボルにおいて表現を行なうもの、それは、論理的構文論の規則に従ってそのシンボルと置換可能[25]なすべてのシンボルが共有するものである。

三・三四四一　たとえば、真理関数の表記法すべてに共通なものは、次のように言い表せる。——どの真理関数の表記も、たとえば、「～p」(「pではない」)と「p∨q」(「pまたはq」)という表記法を用いて書き換えることができる。[26]それはすべての真理関数の表記法に共通なことである。

(このように、特殊な表記法であってもそれが可能であるということが、一般的な何ごとかをわれわれに開示しうるのであり、いまの例はその方法を示したものとなっている。)

三・三四三　複合的なものに対する記号が分析される仕方もまた、恣意的ではない。すなわち、その記号が現れる命題が異なるごとに分析が異なるわけではない。

三・四　命題は論理空間[27]の中に一つの領域を規定する。この論理的領域は、もっぱらその領域の構成要素の存在、すなわち有意味な命題が存在することによって、保証されている。

三・四一　命題記号と論理的座標、これが論理的領域を形づくる。

三・四一一　幾何学的領域と論理的領域は、どちらも存在の可能性にほかならないという点で一緒である。

三・四二　命題は論理空間の一つの領域だけを規定しうるにすぎないが、それにもかかわらず、その命題を通して論理空間全体がすでに与えられているのでなければならない。

（さもないと、命題を否定したり論理和や論理積[28]等を作ったりするたびに新たな要素が——新たな座標軸として——導入されねばならないことになってしまうだろう。）

（像を取り巻く論理的足場は論理空間にあまねく行きわたっている。[29]そうして命題は論理空間全体へと手を伸ばす。）

三・五 使用された――すなわち思考された――命題記号が、思考である。

四 思考とは有意味な命題である。

四・〇〇一 命題の総体が言語である。

四・〇〇二 人間は、各々の語が何をどのように指示しているかにまったく無頓着でも、あらゆる意味を表現しうる言語を構成する力をもっている。――ちょうど、個々の音がいかに発せられるかを知らなくとも喋《しゃべ》ることができるように。

日常言語は、人間という有機体の一部であり、他の部分に劣らず複雑である。

日常言語から言語の論理を直接に読みとることは人間には不可能である。

思考は言語で偽装する。すなわち、衣装をまとった外形から、内にある思考の形を推測することはできない。なぜなら、その衣装の外形は、身体の形を知らしめるのとはまったく異なる目的で作られているからである。

日常言語を理解するための暗黙の取り決めは途方もなく複雑である。

四・〇〇三 哲学的なことがらについて書かれてきた命題や問いのほとんどは、誤っているのではなく、ナンセンスなのである。それゆえ、この種の問いに答えを与えることなどおよそ不可能であり、われわれはただそれがナンセンスであると確かめることしかできない。哲学者たちの発するほとんどの問いと命題は、われわれが自分の言語の論理を理解していないことに基づいている。

（それらは、「善と美はおおむね同一であるのか」といった問いと同類である。）

そしてもっとも深遠な問題が実はいささかも問題ではなかったということは、驚くべきことではない。

四・〇〇三一 すべての哲学は「言語批判」である。（もちろんマウトナー[30]の言う意味においてではないが。）ラッセルの功績は、命題の見かけ上の論理形式が必ずしもその実際の論理形式になってはいないことを示した点にある[31]。

四・〇一 命題は現実の像である。

命題は現実に対する模型であり、そのようにしてわれわれは現実を想像する。

四・〇一一 一見したところ命題は——たとえば紙の上に印刷されている場合など——、それが表している現実に対して像の関係にあるようには見えない。しかし、楽譜もまた見たところ音楽の像には見えず、われわれの表音文字(アルファベット)も発話の音声に対する像になっているようには思われないのである。

それでもこれらの記号言語は、それが表すものに対して、ふつうの意味でも像になっていることが知られよう。

四・〇一二　明らかにわれわれは「aRb」という形式の命題を像として受けとめている。ここにおいて記号は明らかにそれが表すものの似姿である。

四・〇一三　そこで像であることの本質へと踏み込むならば、そのときわれわれは、記号の外見上の不規則さ(楽譜における♯や♭の使用のような)は、それが像であることをいささかも妨げないということを見てとるだろう。

なぜなら、これらの不規則なものもまた、異なる仕方ではあるにせよ、その表現しようとすることを写像しているからである。

四・〇一四　レコード盤、楽曲の思考、楽譜、音波、これらはすべて互いに、言語と世界の間に成立する内的な写像関係にある。

それらすべてに論理的構造が共通している。

(童話に出てくる二人の若者、その二頭の馬、そして(若者たちの安否を表すとされる)彼らの百合のように。[32] それらはある意味ではすべてひとつなのである。)

四・〇一四一　ある一般的な規則が存在し、それによって音楽家は総譜から交響曲を読みとることが可能となり、ひとがレコード盤の溝から交響曲を引き出すことが可能となる。また、その規則によって、総譜から交響曲が読みとられたように、交響曲を聴いたひとがそこから総譜を導き出すことができる。まさにこの点に、見かけ上まったく異なる形象における内的な類似性が存している。そしてその規則とは、交響曲を音符言語に射影する射影法則にほかならない。それは音符言語をレコード盤の言語に翻訳する規則である。

四・〇一五　われわれの表現方法がもつ像としての性格、すなわち似姿であることは、すべて写像の論理のもとで可能となる。

四・〇一六　命題の本質を理解するには、記述する事実を写像している象形文字のことを考えよ。

そして象形文字がアルファベットになったときにも、その写像の本質は失われてはいないのである。

四・〇二　われわれは、〔新しい命題に出会うごとに〕命題記号の意味を説明してもらわずとも、その意味を〔文字の配列を見ることによって〕理解する。このことから、われわれの命題記号が象形文字と本質的に同じであることが見てとれる。

四・〇二二　命題は現実の像である——なぜなら、命題を理解するとき、私はその命題が描写している状況を把握し、しかもそのさい意味の説明を必要としたりはしないからである。

四・〇二三　命題はその意味〔すなわち論理空間における論理的領域〕を示す。

命題は、それが真ならば、事実がどのようであるか〔すなわちその論理的領域の範囲〕を示す。そうして事実がかくかくであるということを語る。(33)

四・〇二三　命題は、あとはイエスかノーかを確かめればよいというところまで、現実を確定しているのでなければならない。

そのためには、現実は命題によって完全に記述されていなければならない。

命題とは事態の記述にほかならない。

対象の記述がその対象にとって外的な性質に従って為されるように、命題は現実がもつ内的な性質〔すなわち論理形式〕に従って現実を記述する。

命題は、論理的足場を頼りに世界を構築する。そしてそれゆえ、その命題において、それが真であるならばそこから論理的に何が言えるのかもまた、すべて見てとることができる。命題から帰結を引くためには、その命題が偽であってもかまわない。

四・〇二四　命題を理解するとは、それが真であるとすれば事実はどうであるかを知ることである。

（それゆえひとは、実際に真かどうかを知らずとも、命題を理解することができる。）

その構成要素が理解されるとき、命題は理解される。

四・〇二五　ある言語から他の言語への翻訳は、一方の各命題から他方の命題へと為されるのではない。ただ命題の構成要素だけが翻訳される。

（そして辞書は名詞だけでなく、動詞、形容詞、接続詞等々の翻訳も行ない、しかもそれらすべてを同等に扱う。）

四・〇二六　単純記号（語）の意味を理解するためには説明してもらわねばならない。

しかしわれわれが意思を伝えあうのは、命題によってである。

四・〇二七　命題はわれわれに新しい意味を伝えることができる、これは命題の本質に属している。

四・〇三　命題は既存の表現で新しい意味を伝えなければならない。

命題はわれわれにある状況を伝える。それゆえ、命題は状況と本質的に結びついていなければならない。

そしてその結合とは、まさに命題が状況に対する論理像であることにほかならない。

命題は、ただ像であるかぎりにおいて、何ごとかを語るのである。

四・〇三一　命題において状況はいわば実験的に構成される。

「この命題はしかじかの意味をもつ」と言う代わりに、はっきりと「この命題はしかじかの状況を描写する」と言ってよい。

四・〇三一一　ある名はあるものを表し、他の名はまた別のものを表し、そしてそれらの名が互いに結合されている。その全体が——活人画[34]のように——事態を表現する。

四・〇三一二　命題の可能性は記号が対象の代わりをするという原理に基づいている。「論理定項」[35]はなんらかの対象の代わりをするものではない。事実の論理は記号で表しえない。これが私の根本思想である。

四・〇三二　命題は論理的に分節化されているかぎりにおいてのみ、状況の像である。

（'Ambulo'〔「私は歩く」（ラテン語）〕という命題もまた、合成されたものである。

というのも、同一の語幹に異なる語尾をつけても、同一の語尾に異なる語幹をつけても、全体の意味は変わるのであるから。)

四・〇四 命題においては、それが描写する状況と正確に同じだけのことが区別されるのでなければならない。

両者は同じだけの論理的(数学的)多様性をもっていなければならない。(ヘルツの『力学』[36]における力学モデルと比較せよ。)

四・〇四一 この数学的多様性それ自身を再び写像することは、言うまでもなく不可能である。ひとは写像を行なうときにこの多様性の外に出て行くことはできない。

四・〇四一一 たとえば、われわれが「(x). fx」[37]と表現しているものを、「fx」の前に〔一般性Allgemeinheit を示す〕目印を付して「Alg. fx」と表したとしよう。――これでは十分ではない。――これではxを一般化しているのかfを一般化しているのか分からない。そこでxに一般性の目印「a」を添えて「$f(x_a)$」のように表したとする。――これでもやはり十分ではない。――これでは一般性を示す範囲が分からなくなる。[38]

項の位置に一般性を表す符号「A」を導入し、たとえば「(A, A). F(A, A)」

のようにしてみたらどうか。――十分ではない。――これでは変項の同一性を確定できなくなる。等々。[39]

こうした表し方がすべて不十分なのは、それらが必要な数学的多様性をもっていないからにほかならない。

四・〇四一二　同じ理由で、空間的関係を「空間めがね[40]」越しに見るとする観念論の説明も、十分なものではない。つまり、たんに空間めがね越しにと言うだけでは、空間的関係がもつ多様性を説明できないからである。

四・〇五　現実は命題と比較される。

四・〇六　命題は現実の像であることによってのみ、真か偽でありうる。

四・〇六一　命題の意味は、それが事実かどうかには依存していない。そのことを見落とすと、ひとは容易に、真も偽も記号とそれが表すものとの間の関係として同等であると信じるようになる。

そのとき、たとえば、「～p」が偽なる仕方で表すものを「p」は真なる仕方で表すのだ、などと言い出しかねない。

四・〇六二　これまで真な命題で意思を伝達してきたように、ひとは偽な命題で意思を伝達できるだろうか。それが偽な命題として捉えられていることを了解してさえいればよいのか。否。なぜなら、命題が真であるのは、事実がその命題の語るとおりであるときだからである。そこで、かりにわれわれが「p」で〜pのことを考えていたとしよう。しかも、事実がそこで考えられているとおりであったとする。そのとき、この新たな解釈のもとでも、「p」は真であり、偽とはならないのである。

四・〇六二一　しかし記号「p」と「〜p」が同じことを語りうるということは重要である。というのも、そのことは記号「〜」が現実における何ものにも対応していないことを示しているからである。

ある命題に否定が現れることは、その命題の意味に対する何のメルクマールにもならない(〜〜p=p)。

命題「p」と「〜p」は逆方向の意味をもつが、しかし、それらには同一の現実が対応する。

四・〇六三　真理概念の説明のための一つの比喩。——白い紙の上の黒い模様。この平面上の各点に対してそこが白いか黒いかを述べていけば、それで模様の形を記述することができる。ある点が黒いという事実には肯定的事実が対応し、ある点が白い(黒くない)という事実には否定的事実が対応する。私が平面上の一つの点(これがフレーゲの言う真理値に対応する)を指示するとき、それは判断以前の仮定に対応する、云々。[41]

しかし一つの点が黒いとか白いとか語りうるためには、いかなる場合にひとはある点を黒いと称し、いかなる場合に白いと称するのかを、私はあらかじめ知っていなければならない。「p」は真である(あるいは偽である)と語りうるためには、どのような状態で「p」を真とするのかを私は確定していなければならない。そしてそれによって私は命題の意味を確定するのである。

ここにおいて比喩が崩れる。われわれは、白とは何か黒とは何かを知らずとも、紙の上の点を指示することができる。しかし命題は、意味を介さずには何ものにも対応しない。命題は「真」とか「偽」と呼ばれるなんらかの性質をもったあるもの(真理値)を指示するわけではないからである。命題に対して「真である」や「偽である」という動詞が与えられる、フレーゲはそう考えていたが、それはまちがっている。「真である」という動詞は、その命題が真であることのうちに含まれているのである。

四・〇六四　すべての命題は〔真偽の決定に先立って〕あらかじめ意味をもっていなければならない。命題を肯定するとは、まさにその意味を肯定することであるから、それによって命題に意味が与えられるなどということはありえない。否定等についても同様である。

四・〇六四一　こう言ってもよい。否定は、否定される命題の論理的領域にすでに関わっている。

否定命題は否定される命題とは別の論理的領域を規定する。

否定命題は、自らの論理的領域を、否定される命題の論理的領域の外側にあるものと記述する。こうして否定命題は、否定される命題の論理的領域を利用して、その論理的領域を規定するのである。

否定される命題に対してその二重否定を作ることができる。このことは、そこで否定されるものがすでに一つの命題であり、けっして否定命題のための準備段階にすぎないようなものではないことを、すでに示している。

四・一　命題は事態の成立・不成立を描写する。

四・一一　真な命題の総体が自然科学の全体(あるいは諸科学の総体)である。

四・一一一　哲学は自然科学ではない。

(「哲学」という語は、自然科学と同レベルのものを意味するのではなく、自然科学の上にある、あるいは下にあるものを意味するのでなければならない。)

四・一一二　哲学の目的は思考の論理的明晰化である。

哲学は学説ではなく、活動である。

哲学の仕事の本質は解明することにある。

哲学の成果は「哲学的命題」ではない。諸命題の明確化である。

思考は、そのままではいわば不透明でぼやけている。哲学はそれを明晰にし、限界をはっきりさせねばならない。

四・一一二一　他の自然科学に比して心理学がより哲学に近いわけではない。

認識論は心理学の哲学である。

記号言語に関する私の研究は、哲学者たちが論理の哲学にとってきわめて本質的とみなしていた思考過程の研究に相当するものとなってはいないか。彼らはほとんどの場合いたずらに非本質的な心理学研究にまきこまれていたにすぎない。

私の方法にも、同様の危険がある。

四・一一二一　他の自然科学の仮説に比してダーウィンの理論がより哲学と関係するということはない。

四・一一三　哲学は自然科学の議論可能な領域を限界づける。

四・一一四　哲学は思考可能なものを境界づけ、それによって思考不可能なものを境界づけねばならない。

哲学は思考可能なものを通して内側から思考不可能なものを限界づけねばならない。

四・一一五　哲学は、語りうるものを明晰に描写することによって、語りえぬものを指し示そうとするだろう。

四・一一六　およそ考えられうることはすべて明晰に考えられうる。言い表しうることはすべて明晰に言い表しうる。

四・一二　命題は現実をすべて描写しうる。しかし、現実を描写するために命題が現実と共有せねばならないもの――論理形式――を描写することはできない。

論理形式を描写しうるには、われわれはその命題とともに論理の外側に、すなわち世界の外側に、立ちうるのでなければならない。

四・一二一　命題は論理形式を描写できない。論理形式は命題に反映されている。
言語に反映されていることを、われわれは描写できない。
言語において自ずから姿を現しているもの、それをわれわれが言語で表現することはできない。
命題は現実の論理形式を示す。
命題はそれを提示する。

四・一二一一　たとえば、命題「fa」は、その意味の中に対象aが現れることを示している。また二つの命題「fa」と「ga」は、それらがともに同一の対象についての主張であることを示している。
二つの命題が両立不可能であるとき、そのことは両方の命題の構造を示している。ある命題が他の命題から帰結するとき等々もまた、同様である。

四・一二一二　示されうるものは、語られえない。

四・一二一三　論理を正しく把握するようになるには、ただわれわれの記号言語においてすべてがうまくいきさえすればよい――この直感もまた、いま述べたことから理解される。

四・二三　ある意味でわれわれは、対象や事態の形式的性質について、あるいは事実の構造の性質について、論じることができる。またそれと同じ意味で、形式的関係や諸構造の関係について論じることができる。

（構造の性質と言う代わりに、私はまた「内的性質」とも言う。そして諸構造の関係の代わりに「内的関係」と。

私がことさらにこうした言い方をするのは、なぜかくも多くの哲学者たちが内的性質と狭義の（外的）性質とを混同するのか、その理由を指摘したいからである。）

だが、こうした内的性質や内的関係は命題によって主張されうるようなことではなく、その事態を描写し、その対象を扱う命題において、示されるものにほかならない。

四・一二二一　事実の内的性質を、われわれはまた、事実の相貌と呼ぶことができる。（人相について語るときのような意味において。）

四・一二三　ある対象がその性質をもたないとは考えられないとき、それは内的性質である。

（この青色とあの青色は、その本性上、より明るい／より暗いという内的関係にある。これら二つの対象がその関係にないことは考えられない。）

（ここで「性質」や「関係」という語の用法の揺らぎに、「対象」という語の用法の揺らぎが対応している。）

四・一二四　ある内的性質が可能的状況のうちに成り立っていることは、命題で表現されることではなく、その状況を描写する命題において、その命題の内的性質を通して、自ずから姿を現すのである。

命題に形式的性質を付与するなどというのは、命題からその形式的性質を剝奪するというのと同様、ナンセンスである。

四・一二四一　諸形式を区別しようとして、「この形式にはかくかくの性質があるが、その形式にはしかじかの性質がある」のように語るわけにはいかない。このように語ることは、それぞれの形式のそれぞれの性質を語りだすことに意味があるということを前提にしているからである。

四・一二五　ある内的関係が可能な諸状況の間に成り立っていることは、その状況を描写する命題間の内的関係を通して、言語のうちに自ずから姿を現す。

四・一二五一　これで、「すべての関係は内的なのか外的なのか」という論争に終止符が打たれる。

四・一二五二　内的関係によって順序づけられた列を、私は形式列と呼ぶ。
数列は外的関係ではなく、内的関係で順序づけられている。
以下のような命題の列も同様である。

「aRb」,

「(∃x) : aRx. xRb」,

「(∃x, y) : aRx. xRy. yRb」,[42]

……

（bがaに対してこのいずれかの関係にあるとき、私はbをaの後続者と呼ぶ。）

四・一二六　形式的性質という用語を用いたのと同様の意味において、いまやわれわれは形式的概念についても論じることができる。
（形式的概念という用語を導入するのは、旧来の論理学全体が形式的概念と狭義の概念との混同に貫かれているからであり、私はそのように混同されてしまう理由を明らかにしたいのである。）

あるものがある形式的概念にあてはまる対象であるとき、そのことは命題で表現できることではない。それは、その対象を表す記号自身において示される。（名はそれが表しているものが一つの対象であることを示す。数字はそれが表しているものが数であることを示す、等々。）

形式的概念を、狭義の概念の場合のように関数を用いて表すことは、まったく不可能である。[43]

なぜなら、形式的概念のメルクマールである形式的性質は、関数で表現されないからである。

形式的性質の表現は、しかるべき記号の相貌にほかならない。

それゆえある形式的概念のメルクマールを表す記号は、その概念にあてはまる対象を意味するすべてのシンボルがもつ、それらに特徴的な相貌である。

形式的概念は、したがって、この特徴的な相貌だけを定項として残した命題変項として表現される。

四・一二七

命題変項は形式的概念を表し、その値はその概念にあてはまる諸対象を表す。

四・一二七一　あらゆる変項は形式的概念を表す記号となる。

なぜなら、変項はいずれも、そのすべての値が共有する一定の固定された形式を表しており、しかもそれはこれらの値の形式的性質とみなしうるものだからである。

四・一二七二　かくして、名の変項「x」は対象という疑似概念に対する本来的な記号となる。

「対象」(「もの」等)という語が正しく使用されているかぎり、その語は概念記法においては名の変項によって表現されている。

たとえば、「……である二つの対象がある」という命題における「対象」という語は、概念記法においては「(∃x, y)……」で表現される。

それ以外の場合、すなわち、「対象」という語が誤って狭義の概念を表すものとして使用されている場合には、つねにナンセンスな疑似命題が生じる。

そこでひとはたとえば、「本がある」と語るようにして「対象がある」などと語ることはできない。同様に、「百個の対象がある」とか「$\aleph_0$[44]個の対象がある」と語ることもできない。

対象の総数を言うこともまた、ナンセンスである。

同じことが、「複合的なもの」「事実」「関数」「数」等々の語についてもあてはまる。

これらはすべて形式的概念を表しているのであり、概念記法においては、(フレーゲやラッセルがそう考えてしまったように[45])関数や集合によって表されるのではなく、変項によって表されるのである。

「1は数である」「ただ一つゼロが存在するのみである」といった表現、およびそれに類するものは、すべてナンセンスである。

(「ただ一つ1が存在するのみ」と語るのがナンセンスだというのは、「2+2は三時には4に等しい」と語るのがナンセンスなのとまったく同様である。)

四・一二七二 形式的概念は、それにあてはまる諸対象とともに、すでに与えられている。それゆえ、ある形式的概念に属する対象を基本概念として導入し、かつ、その形式的概念それ自身をも基本概念として導入することはできない。それゆえ、(ラッセルのように)関数の概念と特定の関数とをともに基本概念として導入することはできない。あるいはまた、数の概念と特定の数についてもそうである。

四・一二七三 「bはaの後続者である」という命題を概念記法で表現しようとするならば、

そのとき次の形式列の一般項を表す表現が必要となる。

$$aRb,$$

$$(\exists x) : aRx.\ xRb,$$

$$(\exists x, y) : aRx.\ xRy.\ yRb,$$

……

形式列の一般項を表現するには変項を用いるしかないが、それは、「この形式列の一般項」という概念が形式的概念だからにほかならない。(このことをフレーゲとラッセルは見落としていた。そのため、こうした一般命題を表現しようとして彼らがとった方法はまちがったものとなっている。そこには悪循環が含まれる。)

それに対して、われわれが形式列の一般項を規定しうる仕方は、その初項を示し、かつ、先行する命題をもとに後続の項を作り出す操作の一般形式を示す、というものである。

四・二七四　形式的概念の存在を問うことはナンセンスである。いかなる命題もそのような問いには答ええないからである。

（それゆえ、たとえば「分析不可能な主語－述語命題は存在するか」と問うことはできない。）

四・一二八　論理形式には数が欠けている。
それゆえ論理には特別扱いされる数など存在しない。したがって哲学的一元論、二元論、等々は存在しない。

四・二　命題の意味とは、事態の成立・不成立の可能性と命題との一致・不一致である。

四・二一　もっとも単純な命題、すなわち要素命題[46]は、一つの事態の成立を主張する。

四・二一一　要素命題の特徴は、いかなる要素命題もそれと両立不可能ではないことにある。

四・二二　要素命題は名からなる。それは名の連関、名の連鎖である。

四・二二一　命題を分析していけば、その結果は明らかに、名が直接結合してできた要素命題でなければならない。
要素命題が存在するからこそ、いかにして命題と命題の結合が為されるのかも問題になるのである。

四・二二一一　たとえ世界が無限に複合的で、どの事実も無限に多くの事態からなり、事態もまたすべて無限に多くの対象から構成されていたとしても、なおそこには対象と事態が存在しなければならない。

四・二三 名は、ただ要素命題という文脈においてのみ、命題に現れる。

四・二四 名は単純なシンボルである。私はそれを個々の文字（「x」「y」「z」）で表す。
要素命題を私は名の関数として「fx」「φ(x, y)」等の形式で書く。
あるいは、p、q、rという文字でも表す。

四・二四一 二つの記号を一つの同じ意味で使用する場合、私は両者を記号「＝」でつなぐことによってそのことを表現する。
それゆえ「a＝b」は、記号「a」は記号「b」で置換可能ということにほかならない。
（私が、等式によって新しい記号「b」を導入し、そこでその記号を既知の記号「a」と置換されるべきものと取り決めるとき、私はその等式――定義――を（ラッセルにならって）「定義 a＝b」という形式で書くことにする。定義とは、記号の〈使用〉規則である。）

四・二四二 それゆえ、「a＝b」という形式の表現は、描写を補助するものにすぎない。それは記号「a」「b」の意味について何も語りはしない。

四・二四三　二つの名が同じものを表しているのか異なるものを表しているのかを知らずに、それらを理解しうるだろうか。——同じものを指示するのか異なるものを指示するのか分からない二つの名を含む命題を、われわれは理解しうるだろうか。

ある英単語の意味を把握しており、またそれと同義のドイツ語単語の意味も把握しているならば、両者が同じ意味であると知らないことはありえない。それらを相互に翻訳できないということなどありえない。

「a=a」のような表現、ないしそこから導かれる表現は、要素命題ではないし、要素命題以外の何か有意味な記号でもない。（この点は後述する。）

四・二五　要素命題が真ならば、その事態は成立している。偽ならば、成立していない。

四・二六　すべての真な要素命題の列挙によって、世界は完全に記述される。世界は、すべての要素命題を挙げ、さらにどれが真でどれが偽かを付け加えれば、完全に記述される。

四・二七　n個の事態の成立・不成立に関して、$K_n=\sum_{\nu=0}^{n}\binom{n}{\nu}$〔$=2^n$〕通り(47)の可能性がある。

どの事態の組合せも成り立ちうるが、ある組合せが成り立っているときには、他の組合せは成り立っていない。

四・二八　これらの組合せに対応して、要素命題の真——および偽——の可能性が同じ数だけある。

四・三　要素命題の真理可能性は、事態の成立・不成立の可能性を意味している。

四・三一　真理可能性は次のような図表で表せる。(要素命題が並んだ行の下の「真」と「偽」の各行は、諸要素命題の真理可能性を見やすい形で表したものとなっている。)

p
真
偽

q	p
真	真
真	偽
偽	真
偽	偽

r	q	p
真	真	真
真	真	偽
真	偽	真
偽	真	真
真	偽	偽
偽	真	偽
偽	偽	真
偽	偽	偽

四・四　命題は、要素命題の真理可能性との一致・不一致を表現したものにほかならない。

四・四一　要素命題の真理可能性が命題の真偽の条件である。

四・四一一　要素命題の導入が、他のすべての種類の命題を理解するための基礎となる。これは、分析するまでもなく確かなものとして予想されたことである。実際、一般命題を見るならば、その理解が要素命題の理解に依存していることは、一見して明らかである。

四・四二　あるn個の要素命題の真理可能性のどれと一致しどれと一致しないかに関しては、$\sum_{\kappa=0}^{K_n}\binom{K_n}{\kappa}=L_n$［$=2^{2^n}$］通り[48]の可能性がある。

四・四三　真理可能性との一致は、図表において、その真理可能性のところに「真」という印を添えることで表現することができる。

この印がない場合には不一致を意味する。

四・四三一　要素命題の真理可能性との一致および不一致の表現が、それぞれその命題の真理条件[49]を表している。

命題はその真理条件の一組に対する表現にほかならない。

（それゆえフレーゲが彼の概念記法の記号の説明としてまず真理条件を与えたことは、完全に正しかった。ただし、フレーゲの真理概念の説明はまちがっている。フレーゲが言うとおり「真」「偽」が対象であり、～p等々における入出力項であるとするならば、そのとき、フレーゲの規定に従うと、「～p」の意味はまったく定まらないことになる。）

四・四四 「真」という印を真理可能性に添えて作られる記号は命題記号となる。

四・四四一 記号「偽」および「真」の複合はいかなる対象にも（対象の複合にも）対応しない。それは明らかである。そしてまた、（フレーゲが用いた）水平線と垂直線[50]、あるいは括弧も、それらが対象に対応しないのは同様に明らかである。――「論理的対象」は存在しない。

「真」と「偽」の図表と同じことを表現する記号は、言うまでもなく、すべて同様である。

四・四四二 たとえば次は命題記号である[51]。

「

p	q	
真	真	真
偽	真	真
真	偽	
偽	偽	真

」

（フレーゲの「判断線」「⊢」[52]は論理的にはまったく指示対象をもたない。それはフレーゲ（そしてラッセル）において、ただ彼らがこの記号のついた命題を真とみなしていることを表すにすぎない。「⊢」はそれゆえ、命題に付された番号等と同様、命題の一部ではない。命題が自分自身について真であると語ることはできない。）

図表における真理可能性の行の並び方を組合せ規則によってあらかじめすべて決定しておけば、最終列だけで真理条件の一組を表現するには十分である。そこでこの列を書き出せば、その命題記号は次のようなものとなる。

「(真真—真)(p, q)」

あるいは、より明示的にこう書かれる。

「(真真偽真) (p, q)」

(最初の括弧内の項の座の数は次の括弧内の項数に応じて決まる。)

四・四五 n個の要素命題に対して、可能な真理条件は L_n〔$=2^n$〕組ある。

一定数の要素命題の真理可能性のもとに可能となる真理条件の組は、一つの系列に順序づけることができる。

四・四六 真理条件の可能な組の中に、二つの極端な場合がある。

ひとつは、要素命題のすべての真理可能性に対してその命題が真になる場合である。そのとき、「この真理条件の組はトートロジー的である」のように言う。

もうひとつは、すべての真理可能性に対してその命題が偽になる場合である。その真理条件の組は、矛盾的である。

第一の場合、その命題はトートロジーと呼ばれ、第二の場合には矛盾と呼ばれる。[53]

四・四六一 命題は、それが語っていることを示しているが、トートロジーと矛盾は、それが何も語らないことを示している。

トートロジーは無条件に真であり、それゆえ真理条件をもたない。そして、矛盾は真となる条件をまったくもたない。

トートロジーと矛盾は無意味[54]である。

（それはあたかも、二本の矢が正反対の方向に飛び去ったあとの点のようである。）

（たとえば、いま雨が降っているか降っていないかどちらかだということを知っているとしても、それで私が天気について何ごとかを知っていることにはならない。）

四・四六一一 しかしトートロジーと矛盾はナンセンスではない。両者とも、いわば「0」が算術の記号体系に属しているように、記号体系に属している。

四・四六二 トートロジーと矛盾は現実に対する像ではない。それは可能な状況を描写しない。トートロジーは可能な状況をすべて許容し、矛盾はまったく許容しないからである。

トートロジーでは、〔そこに含まれる要素命題がもつ〕世界との一致の条件——描写の関係——のそれぞれが互いに相殺しあい、その結果、全体として現実といかなる描写の関係にも立たなくなるのである。

四・四六三　真理条件は、その命題が許容する事実の可能な範囲〔すなわち論理空間内の領域〕を規定する。

（命題、像、模型、これらは、否定的な意味では、他の固体の運動の自由を制限する固体のようであり、肯定的な意味では、物体が位置を占めうる、固定された実体で囲まれた空間のようである。）

トートロジーは、現実がありうる位置として論理空間の全体を――無限に――許容する。矛盾は、論理空間全体を埋め尽くし、現実に場所を与えない。かくして、どちらも現実を規定するすべをいっさい失う。

四・四六四　トートロジーが真であることは確実、命題が真であることは可能、矛盾の場合は不可能である。

（確実、可能、不可能――確率論に必要とされる諸段階の萌芽がここにある。）

四・四六五　トートロジーと命題との論理積は、その命題と同じことを語る。それゆえその論理積はその命題と同一である。というのも、意味が異ならないのならば、シンボルの本質も変わりはしないからである。

四・四六　記号を特定の仕方で論理的に結合したものは、その記号の指示対象を特定の仕方で論理的に結合したものに対応する。もしまったくどんな結合でも許すというのであれば、それは結合されていない記号としか対応しない。

すなわち、いかなる状況に対しても真となる命題は、およそ記号の結合ではありえない。というのも、記号の結合であれば、それは対象の特定の結合とだけ対応しうるからである。

（逆に、論理的に結合されたいかなる記号にも対応しないような対象の結合もまた、存在しない。）

トートロジーと矛盾は記号結合の限界事例である。すなわち、記号結合の消失点である。

四・四六一　もちろん、トートロジーや矛盾においても記号は互いに結合されている。すなわち、相互関係をもつ。しかし、この関係は対応するものを欠いている。それはシンボルとしては非本質的なのである。

四・五　いまや、もっとも一般的な命題形式を提示することができると思われる。すなわち、不特定の記号言語に対して、命題とはいかなるものであるのかを記述すること。そのとき、名の指示対象を適切に選んでやれば、可能な意味はすべて、その記述にあてはまるシンボルによって表現することができ、また、その記述にあてはまるシンボルはすべて、相応の意味を表現しうることになる。

明らかなことであるが、もっとも一般的な命題形式の記述にさいしては、ただその本質的なものだけが記述されねばならない。——さもなければ、その形式はもっとも一般的なものではないことになる。

ひとが予見不可能な(すなわち構成不可能な)形式をもつ命題など存在しえない。このことは、一般的な命題形式が存在することを示している。「事実はかくかくである」——これが命題の一般形式である。

四・五一　私にすべての要素命題が与えられたと仮定する。そのとき、残された問題は単純にこうである。この要素命題から私はいかなる命題を構成しうるのか。そしてこれが全命題であり、命題はこのようにして限界づけられている。

四・五二　命題は、要素命題の総体から(そしてもちろん、それで要素命題がすべて尽くされているということも含めて、そこから)導かれるもので、すべてである。(それゆえひとはある意味で、あらゆる命題は要素命題の一般化であると言うことができる。）

四・五三　一般的な命題形式は一つの変項である。

五　命題は要素命題の真理関数である。

（要素命題は自分自身の真理関数である。）

五・〇一　要素命題は命題に入力される真偽項である。

五・〇二　関数の入力項と名に添えられた目印とは混同されがちである。というのも、入力項や目印を含む記号の意味を私が見てとるとき、どちらの場合もともに、それら入力項や目印に頼るからである。

たとえばラッセルの「$+_c$」において、「c」はそれが付された記号の全体が基数[55]に対する加法記号であることを示す目印にほかならない。しかし、この表し方は恣意的な取り決めに基づくものであり、「$+_c$」の代わりに目印をもたない別の記号を採用してもよかったのである。他方、「~p」における「p」は目印ではなく、入力項である。「~p」の意味は、「p」の意味が先立って理解されていなければ、理解されえない。（ユリウス・カエサルという名において「ユリウス」は目印である。目印は、つねに、その目印をもった名の対象に対する記述の一部となっている。たとえば、「ユリウス家のそのカエサル」のように。)

私の誤解でなければ、命題の指示対象および関数の指示対象についてのフレーゲの理論の根底には、この混同がある。すなわち、フレーゲにとっては論理学の命題は名であり、それゆえその命題の項は名に付された目印だったのである。

五・一　真理関数は一列に順序づけられる。

これが確率論の基礎となる。

五・一〇一　任意の個数の要素命題に対して、その真理関数は次のような図表で書くことができる。

(真真真真)(p, q)　トートロジー——pならばp、かつ、qならばq (p⊃p. q⊃q)

(偽真真真)(p, q)　言葉で言うと——pかつqということはない (~(p. q))

(真偽真真)(p, q)　言葉で言うと——qならばp (q⊃p)

(真真偽真)(p, q)

言葉で言うと——pならばq (p⊃q)

(真真真偽)(p, q)

言葉で言うと——pまたはq (p∨q)

(偽偽真真)(p, q)

言葉で言うと——qではない (~q)

(偽真偽真)(p, q)

言葉で言うと——pではない (~p)

(偽真真偽)(p, q)

言葉で言うと——pかqの一方のみ (p. ~q : ∨ : q. ~p)

(真偽偽真)(p, q)

言葉で言うと——pならばq、かつ、qならばp (p≡q)

(真偽真偽)(p, q)

言葉で言うと——p

(真真偽偽)(p, q)

言葉で言うと——q

(偽偽偽真)(p, q)

言葉で言うと——pでもqでもない(~p.~q あるいは p|q)

(偽偽真偽)(p, q)

言葉で言うと——p、かつ、qではない(p.~q)

(偽真偽偽)(p, q)

言葉で言うと——q、かつ、pではない(q.~p)

(真偽偽偽)(p, q)

言葉で言うと——qかつp(q.p)

(偽偽偽偽)(p, q)

矛盾——pかつpではなく、qかつqではない(p.~p.q.~q)

入力される真偽項の真理可能性のうち、とくにその命題を真にする真理可能性を、その命題の真理根拠と呼ぶ。

いくつかの命題に共通な真理根拠のすべてが、ある一つの命題の真理根拠にもなっているとき、後者の命題が真であることは前者の諸命題が真であることから帰結すると言われる。

五・一二　とくに、命題「q」の真理根拠のすべてが命題「p」の真理根拠である場合、「p」が真であることは「q」が真であることから帰結する。

五・一二一　「pがqから帰結する」とは、一方の真理根拠が他方の真理根拠に含まれるということにほかならない。

五・一二二　pがqから帰結するならば、「p」の意味は「q」の意味に含まれている。

五・一二三　神がある命題を真とする世界を創造するならば、同時に神はまた、その命題から帰結するすべての命題が真となる世界をも創造するのである。同様に、命題「p」が真となる世界を創造しておきながら、命題「p」に関わる諸対象の全体を創造しないなどということもありえない。

五・一二四　命題は、そこから帰結するすべての命題を肯定する。

五・一二四一　「p.q」は、「p」を肯定する命題の一つであり、同時に「q」を肯定する命題の一つでもある。

二つの命題は、双方を肯定する有意味な命題が存在しないとき、互いに対立の関係にある。

ある命題と両立不可能な命題はすべて、その命題を否定する。

五・一三　ある命題の真理性が他の諸命題の真理性から帰結することは、それらの命題の構造から見てとられる。

五・一三一　ある命題の真理性が他の諸命題の真理性から帰結するとき、そのことはそれら諸命題の形式相互の関係によって表現される。すなわち、その関係を規定するのに、それら諸命題の相互関係をあらためて一つの命題のうちに表す必要はない。この関係は内的であり、関係する諸命題が立てられれば、それと同時に、そしてそれによって、関係は成立しているのである。

五・一三二　われわれがp∨qと~pからqを推論するとき、「p∨q」と「~p」の命題形式の関係は、ここではその表現方法によって隠されてしまっている。他方、われわれがたとえば「p∨q」の代わりに「p|q.|.p|q」と書き(「p|q」[56]は「pでもqでもない」に等しい)、「~p」の代わりに「p|p」と書いていたとすれば、そのとき内的関係は明らかになっていただろう。

(ひとは(x).fxからfaを推論しうる。この事実が、「(x).fx」というシンボルに一般性が存していることを示している。）

五・一三二　pがqから帰結する、そのとき私はqからpを推論することができる。——「pがqから導出される」とは、つまりそういうことである。

推論の仕方はただ二つの命題〔pとq〕からのみ、見てとられる。〔それに加えて「pがqから導出される」のような命題を立てる必要はない。〕

それら二つの命題、それ自身だけが、推論を正当化しうるのである。

「推論法則」、すなわち——フレーゲとラッセルがそうしたように——推論を正当化するものとして立てられた命題は、無意味であり、立てたところで余計なものでしかない。

五・一三三　すべての導出はア・プリオリに成立している。

五・一三四　ある要素命題から他の要素命題が導出されることはない。

五・一三五　ある状況が生起していることから、それとはまったく別の状況の生起を推論することは、いかなる仕方でも不可能である。

五・一三六　そのような推論を正当化する因果連鎖など、存在しない。

五・一三六一　現在のできごとから未来のできごとへと推論することは不可能なのである。

因果連鎖を信じること、これこそ迷信にほかならない。[57]

五・一三六二 未来の行為をいま知ることはできない。ここに意志の自由がある。因果性が、論理的推論の必然性のごとき内的必然性であったとすれば、その場合にのみ、われわれは未来の行為を現在知りうることになる。——実際に何ごとかを知っていることと、その何ごとかが事実であることとは、論理的に必然的な関係にある。〔それゆえ、未来の行為を知りえたならば、その行為は実際に起こるのでなければならない。〕

（〔他方、〕「Aはpが成立していることを知っている」は、pがトートロジーのときには、無意味となる。）

五・一三六三 ある命題がわれわれには明らかに真であると思われようと、そのことからその命題が真であることは帰結しない以上、この明らかさもまた、真理性に対するわれわれの信念を正当化してはくれない。

五・一四 ある命題が他の命題から帰結するならば、後者は前者よりも多くのことを語り、前者は後者よりも少ないことを語っている。

五・一四一 pがqから帰結し、qがpから帰結するとき、両者は同一の命題である。

五・一四二　トートロジーはあらゆる命題から帰結する。つまり、トートロジーは何も語らない。

五・一四三　矛盾が諸命題と共有するものは、どんな命題も他の命題と共有していないものである。他方、トートロジーは、互いに共有するものをもたないすべての命題に共有される。[58]

矛盾はいわば全命題の外側に消え去り、トートロジーは全命題の内側に消え去る。

矛盾は諸命題の外側の限界であり、トートロジーはその空虚な中心点である。

五・一五　W_rを命題「r」の真理根拠の数とし、W_{rs}を命題「s」の真理根拠のうち、同時に命題「r」の真理根拠でもあるものの数とする。そのときわれわれは、比$W_{rs}:W_r$を、命題「r」のもとでの命題「s」の確率の測度と呼ぶ。[59]

五・一五一　先の五・一〇一で示した図表において、W_rを命題rにおける「真」の数、W_{rs}を命題sにおける「真」のうち、命題rもまた同じ列において「真」になっているものの数とする。そのとき、命題rのもとでの命題sの確率は、$W_{rs}:W_r$である。

五・一五一一　確率命題に固有の特別の対象など存在しない。

五・一五一　真偽の項を互いに一つも共有しない命題は、相互に独立であると言われる。

二つの要素命題は、それぞれ他方の要素命題のもとでの確率が$\frac{1}{2}$となる。

qからpが帰結するとき、命題「q」のもとでの命題「p」の確率は1である。論理的推論の確実性は、確率の一方の極である。

（これはトートロジーと矛盾にも適用される。）

五・一五三　一つの命題は、それ自体では、確からしいとか確からしくないといったことはない。できごとは起こるか起こらないかであり、中間は存在しない。[60]

五・一五四　壺の中に同数の白い玉と黒い玉が入っている（それ以外は入っていない）とする。私は一つずつ玉を取り出し、そのたびにそれを再び壺の中に戻す。そのとき、私はこの実験によって、取り出された黒と白の玉の数が回を重ねるうちに互いに近づいてくることを、確証しうる。

この事実は、それゆえ、数学的事実ではない。

そこで私が、「白い玉を取り出すのは黒い玉を取り出すのと同程度に確からしい」と言うとすれば、その意味するところは、「私が把握しているすべての事情（仮説として立てられた自然法則も含めて）のもとでは、一方のできごとが起こる確率は他方が起こる確率と比べてより大きくはない」、ということにほかならない。すなわち、この事情のもとでは——先の説明から容易に分かるように——、それぞれの確率は$\frac{1}{2}$となる。

私がこの実験によって確かめたことは、両者のできごとの生起が、私の把握しえたかぎりの事情とは独立ということである。

五・一五五　確率命題の基本型はこうである。——私が把握しているかぎりの事情のもとでは、これこれのできごとの生起はしかじかの大きさの確率をもつ。

かくして、確率とは一般化にほかならない。

五・一五六　すなわち、確率は、ある命題形式に対する一般的記述を含んでいる。

確実性に欠けるところでのみ、われわれは確率を必要とする。——ある事実を完全には把握していない場合であっても、なお、われわれはその事実の形式については何ごとかを知っている。

(ある命題が不完全な像になりうるのは、ある特定された状況に対してのことである。しかし、〔その命題が本来表している状況に関して言えば、〕命題はつねに一つの完全な像である。)

確率命題はいわば諸命題を抜粋したものである。(61)

五・二　諸命題の構造は互いに内的関係にある。

五・二一　われわれの表現方法においてこの内的関係に照明を当てるには、命題を操作の結果として、すなわち、他の諸命題(操作の基底)(62)からその命題を構成する操作を施した結果として、表せばよい。

五・二二　操作は、その結果と基底とのそれぞれの構造間の関係を表現している。

五・二三　操作は、ある命題から他の命題を作るために、前者の命題に対して施されるべきものである。

五・二三一　そしてこのことは、もちろん、基底となる命題と結果となる命題の両方の形式的性質に、すなわち、両者の形式がもつ内的な類似性に、関わるものとなる。

五・二三二　系列を順序づける内的関係は、その系列のある項を他の項から作り出す操作に等しい。

五・二三三　操作がはじめて登場しうるのは、論理的に意味のある仕方で命題が他の命題から作られるところ、それゆえ、諸命題に対する論理的構成の始まるところである。

五・二三四　要素命題の真理関数は、諸要素命題を基底とする操作の結果である。（私はこの操作を真理操作(63)と呼ぶ。）

五・二三四一　pの真理関数の意味はpの意味の関数である。
否定、論理和、論理積、等々は操作である。
（否定は命題の意味を反転する。）

五・二四　操作は変項の形にするとはっきりする。というのも、操作はある命題の形式から他の命題の形式へといかにして移行しうるかを示しているからである。
操作は諸形式の差異を表現している。
（操作の基底と結果に共通なものは、まさにその基底である。）

五・二四一　操作は、形式を特徴づけるのではなく、ただ形式の差異だけを特徴づける。

五・二四二　同一の操作が、「p」から「q」を作り、「q」から「r」を作る、以下同様。この操作の系列が表現されうるのは、「p」「q」「r」等が変項であり、しかも、それらの変項によって一定の形式的関係が一般的に表現されるからにほかならない。

五・二五　操作が施されているということは、その命題の意味を特徴づけるものではない。

つまり操作は何も語らない。操作の結果だけが語るのであり、そしてそれは操作の基底に依存している。

(操作と関数は混同されてはならない。)

五・二五一 関数はその関数自身の入力項にはなりえない。他方、操作の結果は再び基底としてその操作を施すことができる。

五・二五二 ある形式列において、項から項へと順次進んでいくこと(ラッセルとホワイトヘッドの階型において、タイプからタイプへと順次進んでいくこと)は、そのようにしてのみ可能である。(ラッセルとホワイトヘッドはタイプからタイプへと順次進んでいく可能性を認めなかったが、にもかかわらず彼らはくりかえしそれを利用してしまっていた。)

五・二五二一 ある操作の結果にその操作を続けて施すこと、これを私は操作の反復適用と呼ぶ。(「O'O'O'a」は「a」に「O'ξ」を三回反復して適用した結果である。)

いくつかの命題に対して複数の操作を反復適用する場合も、これと同様の意味で論じられる。

五・二五二二 そこで、形式列 a, O'a, O'O'a, …… の一般項を [a, x, O'x] と書くことにする。

括弧を付したこの表現は一つの変項にほかならない。括弧の中の最初の項は形式列の初項であり、次は列の任意の項xの形式であり、そして三番目は列においてxのすぐ後に続く項の形式である。

五・二五二一　操作の反復適用という概念は「以下同様」という概念に等しい。

五・二五三　ある操作は他の操作の効力を打ち消すことができる。操作は相殺しうるのである。

五・二五四　操作は消去されうる。(たとえば「~~p」における否定のように。~~p=p)

五・三　すべての命題は要素命題に真理操作を施した結果である。

真理操作とは、要素命題から真理関数を作る方法である。

真理操作の本質からして、要素命題から真理関数を作る場合と同じ仕方で、真理関数からも新たな真理関数が作られる。すべての真理操作は、要素命題の真理関数から再び要素命題の真理関数を、すなわち命題を、作り出す。つまり、要素命題に真理操作を施した結果にさらに真理操作を続けて施しても、その結果はすべて、けっきょくのところ要素命題に一つの真理操作を施した結果となるのである。

かくして、どの命題も要素命題に真理操作を施した結果である。

五・三一 四・三一の図表は、「p」「q」「r」等が要素命題でない場合にも意味をもつ。

そして、容易に見てとれるように、四・四四二の命題記号は「p」と「q」が要素命題の真理関数である場合にも、全体として要素命題に対する一つの真理関数を表現する。

五・三二 すべての真理関数は、要素命題に対して真理操作を有限回くりかえし適用することによって得られる。

五・四 ここにおいて、「論理的対象」すなわち「論理定項」(フレーゲとラッセルの意味における)は存在しないことが示される。

五・四一 なぜなら——どのような真理操作を真理関数に施しても、その結果が要素命題の真理関数として同じものであるならば、それらは同一だからである。

五・四二 ∨、⊃、等々は、右、左、等が関係とされる意味では、関係ではない。これは明らかである。

フレーゲの論理的「原始記号(64)」とラッセルのそれとが相互に一方を用いて他方を定義しうるということは、その事実だけですでに、これらが原始記号ではないことを示しており、さらに進んで、それらがいかなる関係も表していないことを示している。

そして明らかに、「〜」と「∨」を用いて定義される「⊃」は、「⊃」と「〜」で「∨」を定義するときの「⊃」と同じものであり、また、後者の「∨」は前者の「∨」と同じものである、等々。

五・四三　一つの事実pからそれとは別の事実、たとえば〜〜p, 〜〜〜〜p, 等々が無限に帰結しなければならないなどということは、直感的に言って、まず信じられないことである。そしてまた、無限個の論理学(数学)の命題が半ダースほどの「基本法則」から帰結するというのも、これに劣らず奇妙な話でしかない。

しかるに、論理学の命題はすべて同じことを語っている。つまり、何ごとも語っていないのである。

五・四四　真理関数は実質的な関数ではない。

たとえば、二重否定によって肯定命題を作り出せるからには、否定命題は——なんらかの意味で——肯定命題のうちに含まれていたとでもいうのだろうか。「〜〜p」は〜pを否定しているのか、それともpを肯定しているのか、あるいは両方なのか。

命題「～～p」は対象に関わるようにして否定に関わるのではない。対象に訴えることなく、否定命題の可能性は肯定命題のうちにすでに先取りされている。

かりに「～」が表す対象が存在するというのであれば、「～～p」は「p」と異なることを語っていなければならないことになるだろう。なぜなら、そのとき「～～p」はまさに対象～に関わっているが、「p」はそうではないからである。

五・四四一 こうした見かけの論理定項の消去は、「～(∃x).～fx」が「(x).fx」と同じことを語るとき、あるいは「(∃x).fx.x=a」が「fa」と同じことを語るときにも、現れる。[65]

五・四四二 われわれに一つの命題が与えられるとき、その命題とともに、それを基底とする真理操作のすべての結果もまた、すでに与えられている。

五・四五 論理的原始記号が存在するのであれば、正しい論理学はそれら原始記号のそれぞれの持ち場を明確にし、その原始記号がなくてはならぬものであることを示さねばならない。それらの原始記号から出発して論理がいかに構成されるのか、それが明らかにならねばならない。

五・四五一　論理がいくつかの基本概念をもつとすれば、それらは相互に独立でなければならない。一つの基本概念が導入されるときには、それは、その概念が現れるすべての記号結合において、導入されているのでなければならない。それゆえ、まず一つの記号結合に対して基本概念を導入し、ついでまた別の記号結合に対してもう一度それを導入する、といったようにするわけにはいかない。たとえば、否定が導入されたならば、その時点でわれわれは、「～p」という形式の命題においてて否定を理解するだけでなく、「～(p∨q)」や「(∃x).～fx」といった形式の命題においても等しく否定を理解するのでなければならない。まずある事例の組に対して否定を導入し、次に別の事例の組に対して導入する、というようにしてはならないのである。なぜなら、そのときには、両者の事例において否定の意味が同じかどうかが答えられぬままとなり、また、両者の事例で同じ記号結合の方法を用いるべき理由もなくなるだろうからである。

（要するに、フレーゲが定義による記号の導入に対して語ったこと（『算術の基本法則』[66]）が、適当な変更を加えて、原始記号の導入に対してもあてはまるのである。）

五・四五二　論理の記号体系に新たな道具立てを導入するとき、それはいかなる場合であれ、重大な帰結をもっているのでなければならない。新たな道具立てが――いわばまったく何食わぬ顔をして――括弧の中や脚注で論理に導入されるようなことがあってはならない。

(ラッセルとホワイトヘッドの『プリンキピア・マテマティカ』では、定義および基本法則は言葉で〔非形式的に〕表される。なぜここでいきなり言葉なのか。それに対するしかるべき理由が与えられねばならない。だが、そんな理由は示されてはいないし、示されようはずもない。このような〔定義や基本法則を非形式的に導入する〕やり方は、実のところ許されていないからである。)

つまり、ある箇所で新たな道具立てが導入されねばならないということになったときには、ひとはそこでただちに問わねばならないのである。――この道具立てが一貫して用いられるべき場所はどこなのか。――論理におけるその持ち場が説明されねばならない。

五・四五三　論理に数が現れるとき、それは必ずしかるべき理由を示されねばならない。

あるいはむしろこう言うべきだろう。論理には数など存在しないということをはっきりさせねばならない。

〔論理には〕特別扱いされる数など存在しない。

五・四五四　論理においてはすべてはひとつひとつ自立している。それゆえいかなる類別も不可能である。

論理には、より一般的とか、より特殊といったことはありえない。

五・四五四一　論理の問題の解決は単純であらねばならない。なぜなら、その解決こそが、単純ということの基準を設定するからである。

その答えは——ア・プリオリに——調和のうちにある、そしてそれは完結した規則的な構造へと統一されている、そんな解決をもつ問題の領域があるはずだという予感を、ひとはつねに抱いていた。

「単純さは真理の印」[67]という格率の成り立つ領域。

五・四六　論理記号が正しく導入されたならば、それとともにそのあらゆる組合せの意味もまた、すでに導入されている。それゆえ、「p∨q」のみならず、「~(p∨q)」等々も同時に導入されているのである。そのときひとはまた、およそ可能なかぎりの括弧の組合せの働きも、すべて導入していることになるだろう。そしてこのことから、本来的な一般的原始記号とはけっして「p∨q」や「(∃x). fx」等ではなく、それらの組合せに対するもっとも一般的な形式であることが明らかとなるだろう。

五・四六一 「∨」や「⊃」といった論理的な疑似関係は、本来の関係とは異なり、括弧を必要とする。この一見ささいな事実は、大きな意味をもっている。

これらの疑似的な原始記号に伴う括弧の使用は、まさにそれらの記号が本来の原始記号ではないことを、すでに示唆しているのである。いったい、括弧がそれだけで自立した意味をもっているなどと、誰が思うだろう。

五・四六一一 論理的操作の記号とは一種の句読点なのである。

五・四七 全命題の形式について、そもそもあらかじめ語られうるのであれば、それは明らかに、すべて一度に語られうるのでなければならない。

要素命題のうちに、すでにしてあらゆる論理的操作が含まれているのである。

なぜなら、「fa」は

「(∃x). fx. x=a」

と同じことを語っているからである。

構成されたものがあるところには、入力項と関数があり、入力項と関数があるならば、すでにすべての論理定項がそこにある。

こう言うこともできよう。――唯一の論理定項は、すべての命題がその本性上共有するものである。

これこそ一般的な命題形式なのである。

五・四七一　一般的な命題形式が命題の本質である。

五・四七一一　命題の本質を提示することは、あらゆる記述の本質を提示することであり、それゆえ世界の本質を提示することにほかならない。

五・四七二　もっとも一般的な命題形式の記述は、論理における一つの、そしてただ一つの一般的な原始記号を記述することである。

五・四七三　論理は自分で自分自身の世話をみるのでなければならない。

ある記号が〔構成〕可能であるならば、それは同時に表現としても成立しているのでなければならない。論理においては、可能というだけでそれは認可されているのである。（「ソクラテスは同一である」は、「同一である」と言われる性質など存在しないため、何も意味しない。しかし、その命題がナンセンスであるのは、われわれの恣意的な取り決めが不適切だったからであり、そのシンボルそれ自体が不当だからではない。)

ある意味でわれわれは、論理においては誤りえないのである。

五・四七三一　ラッセルは自明性について何度も語っているが、自明性など論理においては不要でしかない。理由はたんに、言語自身があらゆる論理的誤謬を避けるからである。――論理がア・プリオリだというのは、論理に反しては思考不可能ということにほかならない。

五・四七三二　記号に誤った意味を与えることはわれわれにはできないのである。

五・四七三二一　オッカムの格言はもちろん恣意的に取り決められた規則ではないし、実際上の成果によって正当化されるような規則でもない。不必要な記号要素は何ものも意味しない、これがその言わんとすることである。

一つの目的を果たす記号は互いに論理的に同値であり、いかなる目的も果たさない記号は論理的に意味がない。

五・四七三三　フレーゲは、正しく構成されたあらゆる命題は意味をもたねばならない、と述べた。[68] 私はこう言いたい。あらゆる可能な命題は正しく構成されており、それが意味を欠くのは、ただわれわれがその構成要素のいくつかに意味を与えておかなかったからにすぎない。

（たとえ自分では与えたと思っているとしても。）

そこで、「ソクラテスは同一である」が何も語っていないのは、「同一である」という語に対してわれわれが形容詞としてのいかなる意味も与えていなかったからである。つまり、この語が同一性を表す記号として用いられるときには、形容詞とはまったく異なった仕方で――別の関係を表すものとして――シンボル化されているのである。それゆえ、両者はシンボルとしても異なっている。二つのシンボルがたまたま同じ記号であったというにすぎない。

五・四七四　必要な基本操作の数は、ただわれわれの表記法だけに依存している。

五・四七五　記号体系を作るさいに重要なことは、一定の次元の数――一定の数学的多様性――、それだけである。

五・四七六　むろん、ここで問題になっているのは、表されるべき基本概念の数に関わることではなく、規則の表現に関わることにほかならない。

五・五　いかなる真理関数も、要素命題に次の操作を反復適用した結果である。

(－－－－真)(ξ, ……)

これは下の括弧内のすべての命題を否定したものであり、私はこの操作をこれら諸命題の否定と呼ぶ[69]。

五・五〇一

諸命題を項として、それを括弧でくくった表記――括弧内の項の順序は問わない――を、私は「$(\bar{\xi})$」という形式の記号で表す。「ξ」は括弧表記内の項を値とする変項である。そして変項の上の横棒は、それが括弧内のすべての値の代わりであることを表す。

(たとえばξが三つの値P、Q、Rをもつ場合は、$(\bar{\xi})=(P, Q, R)$となる。)

変項のとりうる値は定まっている。

すなわち、変項の値は、その変項がどの命題の代わりになっているかを記述することで、定められる。

そのさい、括弧表記内の項がどのような仕方で記述されるかは、本質的なことではない。

可能な記述の仕方は三通りある。一、直接枚挙する。この場合、われわれは変項の代わりにたんにその値となる定項を与えればよい。二、関数fxの提示。すなわち、xに値を代入して得られる関数の値のすべてが、ここで記述されるべき命題である。三、形式的法則の提示。その法則に従って、記述されるべき諸命題が構成される。この場合には、括弧表記内の項は、この法則によって構成される形式列の項のすべてとなる。

五・五〇二　そこで私は、「(－－－－－真)(ξ,……)」の代わりに「$N(\bar{\xi})$」と書くことにする。

$N(\bar{\xi})$は、命題変項ξのすべての値に対する否定である。

五・五〇三　この操作を用いてどのように諸命題を構成しうるのか、あるいはまた構成しえないのか、それは明らかに容易に表現できることであるから、いまやこうした命題の構成可能性についても、正確な表現が見出されうるはずである。

五・五一　ξが一つの値だけをもつ場合には、$N(\bar{\xi}) = \sim p$(pではない)となり、二つの値をもつ場合には、$N(\bar{\xi}) = \sim p.\sim q$(pでもqでもない)となる。

五・五一一　論理はすべてを包括し、世界を映し出す。そこで使われるものが、どうしてこんな特殊なもの——特殊なカギ針と特殊な編み方——でよいのだろうか。それはひとえに、その一目一目がすべて限りなく細かい網の目へと、巨大な鏡へと、編み上げられていくからにほかならない。

五・五二二　「〜p」が真であるのは、「p」が偽のときである。つまり、真な命題「〜p」において「p」は偽な命題となる。では、波線「〜」は、この偽な命題をどのようにして現実と一致するものになしうるのか。

「〜p」において否定を行なうものは、しかし、「〜」ではなく、この表記法においてpを否定するすべての記号に共通なものである。

それゆえそれは、「〜p」「〜〜〜p」「〜p∨〜p」「〜p.〜p」等々が（際限なく）構成される共通の規則である。そしてこの共通なものが、否定を反映している。

五・五一三　こう言えよう。pとqをともに肯定するすべてのシンボルに共通なもの、それが命題「p.q」である。pかqのいずれかを肯定するすべてのシンボルに共通なもの、それが命題「p∨q」である。

そこでまたこうも言えるだろう。二つの命題が何ひとつ共通のものをもたないとき、両者は互いに対立の関係にある。そして、いかなる命題も、その否定はただ一つである。なぜなら、その命題の外側全体を占める命題は一つだけであるから。

それゆえ、ラッセルの表記法においても、「q : p∨～p」は「q」と同じことを語り、「p∨～p」は何も語らないということが示される。

五・五一四　表記法が定められたならば、pを否定するすべての命題を構成する規則、pを肯定するすべての命題を構成する規則、pかqのいずれかを肯定するすべての命題を構成する規則、等々がその表記法のうちにも存在することになる。規則とシンボルとは同等であり、規則の意味はシンボルに反映されている。

五・五一五　「∨」「.」等がただ命題だけを結合することは、われわれのシンボルにおいて示されていなければならない。

実際、われわれのシンボルはそのことを示している。というのも、「p」や「q」といったシンボル自体、すでに「∨」や「～」を前提にしているからである。かりに「p∨q」における記号「p」が複合記号を表すものではないとすれば（すなわち単純記号、名であり、命題ではないとすれば）、「p」は単独では意味をもちえないものとなる。しかしそのとき、「p」と同値な「p∨p」や「p.p」といった記号もまた、意味をもちえない。だが、「p∨p」が意味をもちえないのであれば、そのとき「p∨q」も意味をもちえないことになってしまうのである。

五・五一五一　否定命題の記号は、必ず肯定命題の記号を用いて構成されねばならないのだろうか。〔記号において成り立つ〕否定的事実を利用して否定命題を表現することはできないのか。（たとえば、〔名〕「a」が〔名〕「b」に対してしかじかの関係にないとき、それはaRbが成立していないことを表現している、のように。）

しかしここでもまた、〔そのように否定的事実を利用して表現された〕否定命題は〔「名「a」は名「b」に対してしかじかの関係にある」という〕肯定命題を通して間接的に構成されているのである。

肯定命題は否定命題の存在を前提にせねばならないが、しかし逆もまた成り立つ。

五・五二　すべてのxの値に対する関数fxの値の全体をξの値とするならば、そのとき$N(\bar{\xi}) = \sim(\exists x).fx$となる。(70)

五・五二一　私はすべてという概念を真理関数から切り離す。

フレーゲとラッセルは一般性(71)を論理積や論理和と結びつけて導入した。そのため、命題「$(\exists x).fx$」と「$(x).fx$」を一般性と真理関数という二つの観念を含みもつものとして理解することが困難となったのである。

五・五二二　一般性の表現[72]の特徴は、第一に、そこにおいて論理的原型が示されていること、第二に、とりわけ定項の部分に注目することにある。[73]

五・五二三　一般性の表現は〔一つの〕項としての役割を担っている。[74]

五・五二四　対象が与えられるときは、同時にすべての対象が与えられる。

要素命題が与えられるときは、同時にすべての要素命題が与えられる。

五・五二五　命題「(∃x).fx」を——ラッセルがそうしたように——「fxは可能である」という言葉に言い換えることは、正しくない。

ある状況の確実性、可能性、あるいは不可能性は、命題で表現されるようなことではない。それは、ある表現がトートロジーであるか、有意味な命題であるか、あるいは矛盾であるかということによって、表される。

ひとはあるシンボルを説明しようとして、それに先立つものにつねに訴えようとする。しかし、それはすでにシンボル自身のうちに存していなければならないのである。

五・五二六　完全に一般化された命題[75]によって、世界をあますところなく記述することができる。それゆえ、特定の対象になんらかの名を前もって対応させることなく、世界を記述しうる。

そこから通常の表現方法に到達するには、「……であるようなxが一つ、そしてただ一つ存在する」という〔一般化された〕表現のあとに、ただ「そしてこのxがaである」と語ればよい。

五・五二六一 完全に一般化された命題もまた、あらゆる他の命題と同様、合成されたものである。（このことは、われわれが「(∃x, φ). φx」における「φ」と「x」に別々に言及しなければならないことに、示されている。「φ」と「x」の両者は、一般化されていない命題の場合と同様、それぞれ独立に世界に対して指示関係にある。）

合成されたシンボルの特徴――それは他のシンボルと共通の部分をもっている。

五・五二六二 いかなる命題であれ、それが真であるか偽であるかによって世界の一般的構造はどこか異なったものとなる。そして、要素命題の総体によって課される世界の構造の可能な範囲こそ、まさに完全に一般的な命題が限界づけるものにほかならない。

（ある要素命題が真ならば、少なくとも、それによって一つの要素命題の真理性が追加されたことになる。)

五・五三　対象の同一性を私は記号の同一性で表現し、等号には訴えない。対象の異なりは記号の異なりで表現する。

五・五三〇一　同一性が対象間の関係でないことは明らかである。このことは、たとえば、「(x)：fx. ⊃. x=a」という命題を考えてみればきわめてはっきりする。この命題が語ることは、たんに、aだけが関数fを満たすということであり、aとなんらかの関係をもつものだけが関数fを満たすといったことではない。

もちろん、まさにaだけがaに対してこの関係に立ちうるのだと言って悪いわけではない。しかし、それを表現するためには、まさに等号を用いねばならないのである。

五・五三〇二　ラッセルの「=」の定義(76)は十分ではない。なぜなら、その定義に従うと、二つの対象がすべての性質を共有するということが語れなくなるからである。(二つの対象がすべての性質を共有するという命題は、たとえまったく正しくないとしても、なお意味はもっている。)

五・五三〇三　ひとことで言うならば、こうである。二つのものについて、それらが同一であると語ることはナンセンスであり、一つのものについてそれが自分自身と同一であると語ることは、まったく何ごとも語っていない。

五・五三一 それゆえ私は、「f(a, b). a=b」とは書かず、「f(a, a)」(あるいは「f(b, b)」)と書く。また、「f(a, b). ～a=b」とは書かず、「f(a, b)」と書く。

五・五三二 同様に、「(∃x, y). f(x, y). x=y」とは書かず、「(∃x). f(x, x)」と書く。また、「(∃x, y). f(x, y). ～x=y」とは書かず、「(∃x, y). f(x, y)」と書く。

(それゆえラッセル流には「(∃x, y). f(x, y)」と書くところを、私は「(∃x, y). f(x, y). ∨. (∃x). f(x, x)」と書く。)

五・五三二一 したがってわれわれは、「(x): fx⊃x=a」と書く代わりに、たとえば「(∃x). fx. ⊃. fa: ～(∃x, y). fx. fy」と書く。

そして「ただ一つのxがf( )を満足する」という命題は、こうなる。「(∃x). fx: ～(∃x, y). fx. fy」[77]

五・五三三 それゆえ、等号は概念記法にとってまったく本質的な構成要素ではない。

五・五三四 いまやわれわれは、「a=a」、「a=b. b=c. ⊃a=c」、「(x). x=x」、「(∃x). x=a」等々といった疑似命題は、正しい概念記法においては書くことさえ許されていないということを見てとる。

五・五三五　かくして、こうした疑似命題と結びついた問題もまた、すべて片づくことになる。

ラッセルの「無限公理(78)」にまつわるあらゆる問題も、まさにこの段階で解決されねばならない。

無限公理が語ろうとすることをふつうの言葉で表現するならば、異なる指示対象をもつ無限に多くの名が存在する、というものになるだろう。

五・五三五一　「a=a」や「p⊃p」といった形式の表現を用いたくなる場面というものも、確かにある。実際、原型について、すなわち命題、もの、等々について論じようとするとき、そのような誘惑が生じる。まさにラッセルは『数学の諸原理』においてその誘惑に屈した。そうして、「pは命題である」というナンセンスを「p⊃p」と記号化し、これを前提としていくつかの命題の前に置くことによって、その項の座をただ命題だけに占められうるようにしたのであった(79)。

（ある命題の前にp⊃pという前提を置くことによって、その命題に正しい形式の項を保証しようとすることは、以下の理由からしてすでにナンセンスである。

——項として命題でないものをpに代入した場合、前提p⊃pは偽ではなく、ナンセンスとなる。また、その前提によって保護されようとしている命題自身も、正しくない種類の項を代入されたならばナンセンスとなる。それゆえ、正しくない項を代入させないようにするという点では、保護されるべき命題と保護するために付加された無意味な前提とは、まったく一蓮托生《いちれんたくしょう》なのである。）

五・五三五二　同様に、「ものは存在しない」ということを「～(∃x). x＝x」で表現したくなるかもしれない。しかし、かりにこれが命題であったとしても、それは「ものが存在し」、かつそれが自分自身と同一でない場合にもまた、やはり真になってしまうのではないか。

五・五四　一般的な命題形式では、命題はただ真理操作の基底としてのみ、他の命題中に現れる。

五・五四一　一見したところ、ある命題はこれとは別の仕方でも他の命題中に現れうるかのように思われる。

とくに、「Aはpであると信じている」や「Aはpと考える」といった心理に関わる命題形式において、そのように思われる。

つまり、表面的に見れば、こうした命題においては命題pが対象Aとある種の関係を持っているかのように見えるのである。[80]

(そして現代の認識論(ラッセル、ムーア、[81]等)においても、これらの命題はそのように理解されていた。)

五・五四二　しかし、明らかに、「Aはpと信じている」「Aはpと考える」「Aはpと語る」は、もとをたどれば「「p」はpと語る」という形式となる。[82]そしてここで問題になるのは、事実と対象の対応関係ではなく、対象と対象の対応を通して与えられる事実相互の対応関係なのである。

五・五四二一　このことはまた、今日の皮相な心理学が考えているような魂——主体、等——などありはしないことを示している。

というのも合成された魂はもはや魂ではないからである。

五・五四二二　「Aがpと判断する」という命題の形式の正しい解明は、ナンセンスを判断することが不可能であることを示さねばならない。(ラッセルの理論[83]はこの条件を満たしていない。)

五・五四二三　複合的なものを知覚するとは、その構成要素がお互いにかくかくの関係にあるということを知覚することにほかならない。

このことはまた、次の図

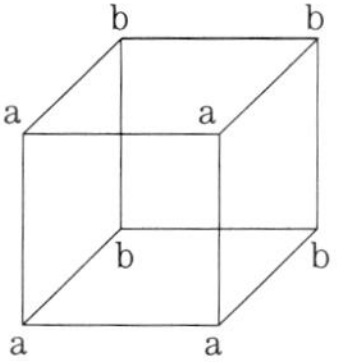

が二通りの仕方で立方体として見られうること、および類似した現象のすべてを、うまく説明する。というのも、われわれはまさしく実際に二つの異なる事実を見ているからである。

(私がまずaの角を見つめ、それからbをちらっとだけ一瞥《いちべつ》すると、aが前に出て見える。逆にすると、逆に見える。)

五・五五 いまやわれわれは、要素命題のすべての可能な形式に関する問いに、ア・プリオリな仕方で答えねばならない。

要素命題は名からなる。しかし、われわれは異なる指示対象をもった名がいくつあるのかを言うことができない。それゆえ、名の合成である要素命題を〔ア・プリオリに〕挙げることもできない。

五・五五一　われわれの根本原則はこうである。およそ論理によって決定される問いは、論理のみによってすべて決定されねばならない。

（そして、もしわれわれが世界を観察することによってそのような問いに答えようとするのであれば、それはわれわれが根本的に道をまちがえていることを示している。）

五・五五二　論理を理解するためにわれわれが必要とする「経験」は何かがかくかくであるというものではなく、何かがあるというものである。しかしそれはまさにいささかも経験ではない。

論理は何かがこのようにあるといういかなる経験よりも前にある。

論理は「いかに」よりも前にあるが、「何が」よりも前ではない。

五・五五二一　そうでないとすれば、われわれはどうやって論理を適用できるだろう。こう言ってもよい。——世界が存在しないとしても論理があるというのだとすると、世界が存在するときにどうして論理がありえようか。

五・五五三 ラッセルは、さまざまな数のもの（個体）の間に単純な関係が成立する、と語った。しかし、何個のものの間になのか。そしてn項関係[84]が存在するか、どうやって決定されるというのか。——経験によって？

（特別扱いされる数など存在しない。）

五・五五四 特定の形式を挙げたとしても、それはまったく恣意的なものとなるだろう。

五・五五四一 たとえば私が二七項関係の記号で何かを表さねばならないことになるのかどうか、それはア・プリオリに答えられねばならない。

五・五五四二 そうだとすると、しかし、われわれはそもそもそのような問いを立てることができるのだろうか。ある記号の形式を提示しておきながら、なおそれが何かに対応しうるのか否かを知らないなどということが、ありうるだろうか。

あることがらが成立しうるということから、そのためには何が存在しなければならないのか、と問う。このような問いに意味はあるのか。

五・五五五 明らかに、われわれがもっている要素命題の概念は、要素命題の個々の論理形式を考慮したものではない。

しかし、ある体系に従ってシンボルを構成しうるところでは、論理的に重要なのはその体系であり、ひとつひとつのシンボルではない。

また、私が新たに考案しうるような形式など、どうして私が論理において関わらねばならないものでありえようか。むしろ、私がその形式を考案することを可能にさせたもの、それこそ私が関わらねばならないものである。

五・五五六　要素命題の形式に階型などありえない。われわれ自身が構成するもののみをわれわれは予見しうるのである。〔他方、われわれは要素命題の個々の形式を予見することはできない。〕

五・五五六一　経験的実在は対象の総体によって限界づけられる。限界は再び要素命題の総体において示される。

階型は実在から独立であり、また独立であらねばならない。

五・五五六二　要素命題が存在するはずであることが純粋に論理的な根拠から知られるのであれば、そのことはまた、分析されていない形式で命題を理解している誰にでも、知られるのでなければならない。(85)

五・五五六三　われわれの日常言語のすべての命題は、実際、そのあるがままで、論理的に完全に秩序づけられている。——われわれがここで与えねばならない、あのもっとも単純なものとは、真理をほのめかすものではなく、欠けるところのない真理そのものなのである。

（われわれの問題は抽象的なものではない。むしろ、あらゆる問題の中でも、もっとも具体的な問題であろう。）

五・五五七　いかなる要素命題が存在するのかは、論理の適用によって決まる。

適用のうちにあることを、論理があらかじめ捉えることはできない。

論理はその適用と齟齬《そご》をきたしてはならない。これは明らかである。

とはいえ、論理はその適用に接していなければいけない。

それゆえ、論理とその適用とはお互いに自分の持ち分を越えることがあってはならない。

五・五五七一　ア・プリオリな仕方で要素命題を挙げることが私にできないのであれば、要素命題を列挙しようとする試みは、最後には〔要素命題の総体という限界に突き当たり〕あからさまなナンセンスに行き着くしかない。

五・六　私の言語の限界が私の世界の限界を意味する。

五・六一　論理は世界を満たす。世界の限界は論理の限界でもある。

それゆえわれわれは、論理の内側にいて、「世界にはこれらは存在するが、あれは存在しない」と語ることはできない。

なるほど、一見すると、「あれは存在しない」と言うことでいくつかの可能性が排除されるようにも思われる。しかし、このような可能性の排除は世界の事実ではありえない。もし事実だとすれば、論理は世界の限界を超えていなければならない。そのとき論理は世界の限界を外側からも眺めうることになる。

思考しえぬことをわれわれは思考することはできない。それゆえ、思考しえぬことをわれわれは語ることもできない。

五・六二　この見解が、独我論[86]はどの程度正しいのかという問いに答える鍵となる。

すなわち、独我論の言わんとするところはまったく正しい。ただ、それは語られえず、示されているのである。

世界が私の世界であることは、この言語(私が理解する唯一の言語)の限界が私の世界の限界を意味することに示されている。

五・六三　世界と生とはひとつである。

五・六三 私は私の世界である。（ミクロコスモス。）

五・六三一 思考し表象する主体は存在しない。

「私が見出した世界」という本を私が書くとすれば、そこでは私の身体についても報告が為され、また、どの部分が私の意志に従いどの部分が従わないか等が語られねばならないだろう。これはすなわち主体を孤立させる方法、というよりむしろある重要な意味において主体が存在しないことを示す方法である。つまり、この本の中で論じることのできない唯一のもの、それが主体なのである。

五・六三二 主体は世界に属さない。それは世界の限界である。

五・六三三 世界の中のどこに形而上学的な主体が認められうるのか。

君は、これは眼と視野の関係と同じ事情だと言う。だが、君は現実に眼を見ることはない。

そして、視野におけるいかなるものからも、それが眼によって見られていることは推論されない。

五・六三三一 つまり、視野はけっしてこのような形をしてはいないのである。

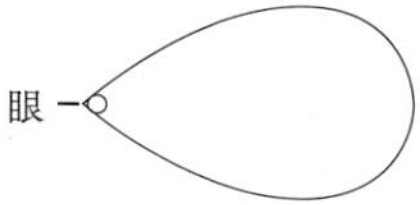

五・六三四　このことは、われわれの経験のいかなる部分もア・プリオリではないということと結びついている。

われわれが見るものはすべて、また別のようでもありえた。

およそわれわれが記述しうるものはすべて、また別のようでもありえたのである。

ものにはア・プリオリな秩序は存在しない。

五・六四　ここにおいて、独我論を徹底すると純粋な実在論[87]と一致することが見てとられる。独我論の自我は広がりを欠いた点にまで縮退し、自我に対応する実在が残される。

五・六四一　それゆえ、哲学において、自我について心理学的にではなく論じうる意味が、たしかにある。

自我は、「世界は私の世界である」ということを通して、哲学に入りこむ。

哲学的自我は人間ではなく、人間の身体でも、心理学が扱うような人間の心でもない。それは形而上学的主体、すなわち世界の——部分ではなく——限界なのである。

六　真理関数の一般形式はこうである。$[\bar{p}, \bar{\xi}, N(\bar{\xi})]$(88)

六・〇〇一　これは命題の一般形式である。

これが語っていることは、すなわち、いかなる命題も要素命題に操作 $N(\bar{\xi})$ をくりかえし適用した結果である、ということにほかならない。

六・〇〇二　命題を構成する仕方の一般形式が与えられているところでは、いかにしてある命題から操作によって他の命題を作り出せるかの一般形式もまた、必ず与えられている。

六・〇一　それゆえ操作 $\Omega'(\bar{\eta})$ の一般形式はこうである。

$$[\bar{\xi}, N(\bar{\xi})]'(\bar{\eta})\ (=[\bar{\eta}, \bar{\xi}, N(\bar{\xi})])$$

六・〇三

これは、ある命題から他の命題への移行を表すもっとも一般的な形式である。

まさにこのようにして、われわれは数に至る。次のように定義する。

定義　$x = \Omega^{0}{}'x$

定義　$\Omega'\Omega^{\nu}{}'x = \Omega^{\nu+1}{}'x$

この記号規則に従って、われわれは

$x, \Omega'x, \Omega'\Omega'x, \Omega'\Omega'\Omega'x, \ldots\ldots$

という系列を、次のように書く。

$\Omega^{0}{}'x, \Omega^{0+1}{}'x, \Omega^{0+1+1}{}'x, \Omega^{0+1+1+1}{}'x, \ldots\ldots$

それゆえ私は、――$[x, \xi, \Omega'\xi]$ の代わりに――次のように書く。

$[\Omega^{0}{}'x, \Omega^{\nu}{}'x, \Omega^{\nu+1}{}'x]$

さらに次のように定義する。

定義　$0+1=1$

定義　$0+1+1=2$

定義　$0+1+1+1=3$

（以下同様）

六・〇二一　数は操作の冪《べき》[89]である。

六・〇二二　数という概念は、すべての数に共通するもの、すなわち数の一般形式にほかならない。
数という概念は数の変項である。
そして数の等しさという概念は、特定の数の等しさすべてに対する一般的形式である。

六・〇三　整数の一般形式はこうである。[0, ξ, ξ+1][90]

六・〇三一　集合論は数学ではまったくよけいである。
このことは、数学において要求される一般性が偶然的なものではないことと結びついている。

六・一　論理学の命題はトートロジーである。

六・一一　論理学の命題は何も語らない。(それは分析命題[91]である。)

六・一一一　論理学の命題が何ごとかを語るものであるかのように思わせる理論はすべて誤りである。たとえばひとは、「真」「偽」という語が他の諸性質と並ぶ二つの性質を表していると考えるかもしれない。そのとき、すべての命題が真偽いずれかの性質をもつということは奇妙な事実に思われるだろう。そうなると、そのことはまったく自明なことではないと思われてくる。それは、たとえば「すべてのバラは黄色か赤のいずれかである」という命題が、かりに真であったとしても、けっして自明ではないのと、いささかも違いはないと思われるのである。それどころか、論理学の命題はいまや完全に自然科学の命題の性格を与えられてしまい、誤解であることは歴然たるものとなる。

六・一一二　論理命題に対する正しい説明は、すべての命題の中で論理命題に独自の位置を与えるものでなければならない。

六・一一三　論理命題の真理性はただそのシンボルだけから知られうる。これは論理命題のきわだった特徴である。そして、この事実のうちに、論理の哲学のすべてが含まれている。また、論理命題でない命題の真偽は命題を見るだけでは知られえないということも、もっとも重要な事実のひとつである。

六・一二　論理学の命題がトートロジーであることは、言語の、すなわち世界の、形式的——論理的——性質を示している。

構成要素がこの仕方で結合されるとトートロジーになるということ、このことがそれら構成要素の論理を特徴づける。

命題を特定の仕方で結合してトートロジーを作るには、それらの命題はその構造において特定の性質をもっていなければならない。それゆえ、それらがこの仕方で結合されるとトートロジーになるということは、それらの命題がそうした構造上の性質をもっていることを示している。

六・一二〇一　たとえば、命題「p」と「~p」を結合して「~(p. ~p)」とするとトートロジーになるということは、「p」と「~p」が互いに両立不可能であることを示している。命題「p⊃q」、「p」、「q」を「(p⊃q). (p) : ⊃ : (q)」[92]という形式に結合するとトートロジーになるということは、pとp⊃qからqが帰結することを示している。「(x). fx : ⊃ : fa」[93]がトートロジーであることは、(x). fxからfaが帰結することを示している。等々。

六・一二〇二　明らかなことであるが、同じ目的のためにトートロジーでなく矛盾を用いてもよい。

六・一二〇三　トートロジーの中に一般性の表現が含まれない場合には、トートロジーを判別するために、以下のような図による方法を利用することができる。「p」「q」 「r」等に代えて「真p偽」「真q偽」「真r偽」等と書こう。真偽の組合せは括弧記号を用いて次のように表現する。

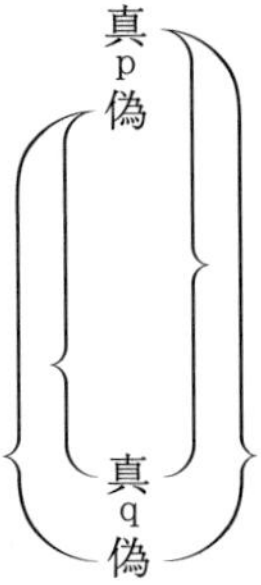

そして、問題となっている命題全体の真偽がその〔構成要素の〕真偽項の組に対してどのように与えられるかを、次のように線を引いて書き込む。

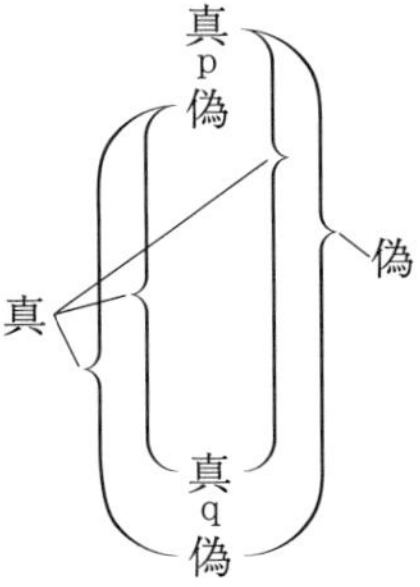

それゆえ、たとえば右の図は、$p \cup q$という命題を表すものとなる。[94] そこで、命

題～(p.～p)(矛盾律)を例にとってトートロジーかどうかを調べてみよう。われわれの表記法では「～ξ」という形式はこう書かれる。

また、「ξ.η」という形式はこう書かれる。

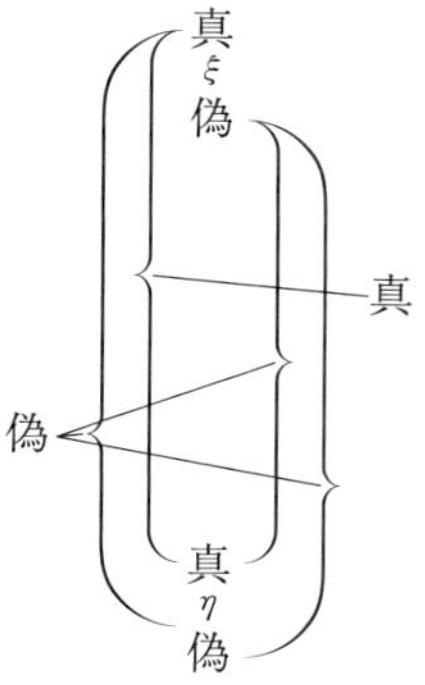

それゆえ、命題～(p.～q)はこのようになる。

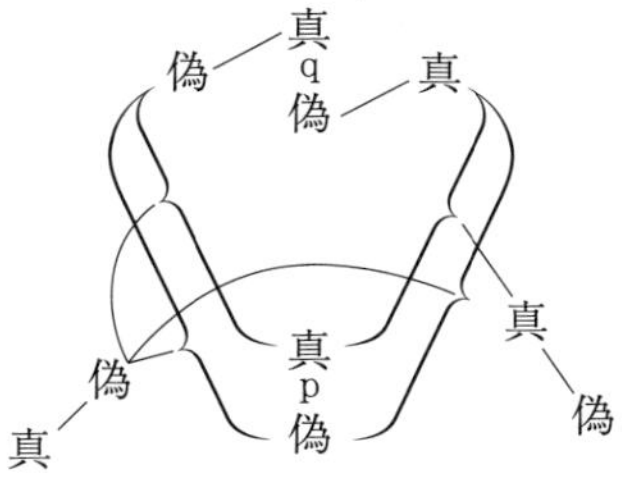

ここで「q」のところに「p」を代入し、一番外側の真偽と一番内側の真偽の結びつきを調べてみれば、〔構成要素の〕各項のすべての真偽の組合せに対して、問題の命題全体が真であることが結びついており、偽は結びついていないということが、判明する。

六・一二一　いくつかの命題を結合して何も語らぬ命題を作り、それによって、それら諸命題の論理的性質を明らかにする。これが論理学の命題の行なうことにほかならない。

この方法は〔測定法の用語を借りて〕零位《れいい》法[95]と呼ぶこともできよう。論理命題において諸命題は互いにつりあわされ、その平衡状態によって、それら諸命題が論理的にいかなる特性をもっているべきかを示すのである。

六・一二　以上のことは、われわれが論理命題なしでもやっていけるということを明らかにしている。というのも、適切な表記法を用いれば、ただ諸命題を見るだけで、それらの命題の形式的性質を知ることができるからである。

六・一二一　たとえば、二つの命題「p」と「q」が「p⊃q」の形に結合されてトートロジーになるとすれば、そのときqがpから帰結するということは明らかである。

たとえば、「q」が「p⊃q. p」から帰結することを、われわれはこれら二つの命題それ自身から見てとるのであるが、他方、それらを「p⊃q. p : ⊃ : q」の形に結合し、それがトートロジーであることを示すという、このやり方によっても、同じことが示されうる。

六・一二二　このことは、次の問題に光を投げかける。経験によって論理命題を反駁《はんばく》することができないように、経験によって確証することもできないのはなぜなのか。論理学の命題を反駁するような経験がありえないだけでなく、それを確証する経験もまた、ありえないのである。

六・一二二三　ひとはしばしば、あたかもわれわれが「論理的真理」を「要請した」かのように感じてきたが、いまやその理由が明らかになる。われわれがそれを要請しうるというのは、つまるところ、われわれが適当な表記法を要請しうるということにほかならないのである。

六・一二二四　論理学が形式についての学と称され、推論についての学と称された理由もまた、ここにおいて明らかになる。

六・一二三　明らかに、論理法則それ自身が再び論理法則のもとに置かれるようなことがあってはならない。[96]

（ラッセルは、「タイプ」ごとにそれぞれ固有の矛盾律があると考えたが、[97]そうではない。矛盾律を矛盾律自身に適用するというようなことは起こらないのであるから、ただ一つの矛盾律があれば、それで十分である。）

六・一二三一　論理命題たる印は一般的妥当性ではない。

一般的であるとは、ただたんに偶然すべてのものにあてはまるというにすぎない。実際、一般化された命題だけでなく、一般化されていない命題もまた、まったく同様にトートロジーになりうる。

六・一二三二　「すべての人間は死すべきものである」といった命題の一般的妥当性を偶然的と言うとすれば、論理的な一般的妥当性は本質的と言えるだろう。ラッセルの「還元公理[98]」のような命題は、論理命題ではない。このことは、還元公理に対してわれわれが抱く、「真だとしても、たまたまうまくいったから真になりえただけではないのか」という気持ちを説明する。

六・一二三三　還元公理が妥当しない世界を考えることはできる。他方、われわれの世界が現実にそのような世界であるのかどうかという問いに、論理が関わりをもたないのは明らかである。

六・一二四　論理命題は世界の足場を記述する。というよりもむしろ、それを描き出している。論理命題は何ごとかを「扱う」ものではない。名が指示対象をもち、要素命題が意味内容をもつことは、論理命題において前提にされている。そしてそれによって、論理命題は世界と結びついているのである。シンボルをある仕方で――しかるべき特性を本質的にもった仕方で――結合させることによりトートロジーが生じるということは、たしかに世界について何ごとかを示しているに違いない。ここには決定的な分かれ目がある。一方で、われわれが使用するシンボルには多くの恣意的な側面がある、とわれわれは語り、また他方で、多くの恣意的でない側面もある、と語った。論理においては、恣意的でない側面だけが表現を行なう。すなわち論理の場合には、けっして、われわれが自分たちの表したいことを記号によって表現する、というようにはなっていない。論理は記号を本質的に必要とし、その記号がもっている本質的特性それ自身が、自ら語るのである。それゆえ、なんであれある一つの記号言語の論理的構文論を知るならば、そこにおいてわれわれは、〔すべての記号言語に共通する〕論理学の全命題を手にすることになる。

六・一二五　「真なる」論理命題をあらかじめすべて記述することは可能である。その点に関しては、論理についての旧来の見解[99]に従った場合でも、違いはない。

六・一二五一　それゆえ論理においても驚きはけっして生じえない。

六・一二六　ある命題が論理学の命題であるかどうかは、そのシンボルの論理的性質を計算することによって、計算できる。

そしてわれわれが論理命題を「証明する」ときに為していることというのは、

この計算にほかならない。というのも、その論理命題を別の論理命題から構成するさいに、われわれはただ記号規則だけに依拠し、意味内容も指示対象も考慮に入れないからである。

論理命題の証明とは、すなわち、一定の操作をくりかえし適用することによって、当の論理命題を別の論理命題から作成することにほかならず、しかもその操作は、最初のトートロジーから次々にトートロジーを作り出していくものにほかならない。（すなわち、トートロジーから帰結するのは、ただトートロジーだけである。）

言うまでもなく、論理命題がトートロジーであることを示すこうした証明は、論理学にとってはまったく本質的なものではない。そもそも、証明の出発点となる命題がトートロジーであることを示すには、もはや証明に頼ることはできないのであり、このことからしてすでに、論理学にとって証明が非本質的であることは明らかだろう。

六・一二六一 論理学においては、過程と結果は同等である。（それゆえいかなる驚きも生じない。）

六・一二六二　論理学における証明は、複雑な命題について、それがトートロジーであることをより簡単に知るための機械的な補助手段にすぎない。

六・一二六三　ある命題から有意味な命題を論理的に証明し、さらに論理命題をも証明しうるとしたら、それは実際あまりに奇妙なことだろう。最初から明らかなことであるが、有意味な命題を論理的に証明することと、論理学における証明とは、二つのまったく異なるものであらねばならないのである。

六・一二六四　有意味な命題は何ごとかを語っており、そして証明はその正しさを示す。他方、論理学の命題は、そのひとつひとつが証明の形式を与える。

論理学の命題は、いずれも、記号で表された推論図式にほかならない。（しかし、推論図式を命題によって表現することはできない。）

六・一二六五　お望みなら、論理学では各命題が自分自身に対する証明になっていると解釈してもよい。

六・一二七　論理学の命題はすべてが同じ身分である。それらの間に基本法則と派生的命題が本質的に定まっているというようなものではない。

トートロジーの各々が、それがトートロジーであることを自ら示しているのである。

六・一二七一 「基本的な論理法則」はいくつあるのか、明らかに、任意の数を設定しうる。というのも、論理学をたった一つの基本法則から導くことさえ可能だからである。たとえば、フレーゲの立てた基本法則をたんにすべて論理積(「かつ」)で結びつけてしまうということでもよいだろう。(あるいはフレーゲは、そうして作られた基本法則はもはやただちに自明なものとはなっていない、と言うかもしれない。しかし、フレーゲほど厳格に考える人が、論理命題の基準として自明さの程度に訴えたことの方が、おかしいのである。)

六・一三 論理学は学説ではなく、世界の鏡像である。
論理[100]は超越論的[101]である。

六・二 数学とはひとつの論理学的方法にほかならない。
数学の命題は等式であり、それゆえ疑似命題である。

六・二一 数学の命題はなんらかの思考を表現するものではない。

六・二一一 実際われわれは、生活において数学の命題などまったく必要としない。われわれはただ、数学に属さぬ命題からやはり数学に属さぬ他の命題を導くためにのみ、数学の命題を用いる。

（哲学においては、「われわれはその語、その命題を、いったい何のために使用するのか」という問いはつねに有益な洞察をもたらす。）

六・二二　論理学の命題がトートロジーにおいて示す世界の論理を、数学は等式において示す。

六・二三　二つの表現が等号で結ばれるとき、それは、両者が互いに置換可能であることを意味している。だが、実際に置換可能であるかどうかは、その二つの表現それ自体において示されねばならない。

互いに置換可能であることは、それら二つの表現の論理形式を特徴づけている。

六・二三一　二重否定として捉えうること、これは肯定の性質のひとつである。

「(1＋1)＋(1＋1)」として捉えうること、これは「1＋1＋1＋1」の性質のひとつである。

六・二三二　フレーゲは、このような二つの表現は同じ指示対象をもつが、その意義は異なる、と論じた[102]。

しかし、等号で結ばれた二つの表現が同じ指示対象をもつことは、その二つの表現それ自体から見てとられることであり、それを示すのに等式は不要なのである。ここに、等式の本質がある。

六・二三二一　そして数学の命題が証明されうるということは、まさに数学の命題の正しさが洞察されるものだということを意味している。数学の命題の表現していることを捉え、それを事実と比較してその正しさを確かめる必要など、ありはしない。

六・二三二二　二つの表現の指示対象が同一であると主張することはできない。なぜなら、その指示対象について何ごとかを主張しうるためには、私はその指示対象を把握していなければならず、そして指示対象を把握しているのであれば、それらが同じものを意味しているのかどうかも、私はすでに知っていることになるからである。

六・二三二三　等式は、私が二つの表現を検討する観点を指し示すにすぎない。すなわち、指示対象の等しさという観点から見よ、というわけである。

六・二三三　数学の問題を解決するのに直観は必要か。この問いに、ひとはこう答えねばならない。言語こそがここで必要とされる直観を与える。

六・二三三一　計算という過程がまさにこの直観を促す。計算は実験ではない。

六・二三四　数学は論理を探求するひとつの方法である。

六・二三四一　数学的方法の本質は、等式を用いて仕事をするという点にある。数学の命題がすべてその命題ごとに自明であらねばならないということも、つまるところこの方法に由来するのである。

六・二四　等式を作り出す数学の方法は、代入という方法である。

すなわち、等式は二つの表現の置換可能性を表現しており、そしてそれに従って、われわれはある表現を別の表現へと置き換え、いくつかの等式から新たな等式へと進んでいくのである。

六・二四一　そこで2×2=4という命題の証明は次のようになる。[103]

定義　$(\Omega^{\nu})^{\mu}{}'x = \Omega^{\nu\times\mu}{}'x$

$$\Omega^{2\times2}{}'x = (\Omega^{2})^{2}{}'x = (\Omega^{2})^{1+1}{}'x$$

$$= \Omega^{2}{}'\Omega^{2}{}'x = \Omega^{1+1}{}'\Omega^{1+1}{}'x = (\Omega'\Omega)'(\Omega'\Omega)'x$$

$$= \Omega'\Omega'\Omega'\Omega'x = \Omega^{1+1+1+1}{}'x = \Omega^{4}{}'x$$

六・三　論理学の探求とは、〔可能な〕すべての法則性の探求にほかならない。そして論理学の外では、いっさいが偶然的である。

六・三一　いわゆる帰納法則[104]は、およそ論理法則ではありえない。というのも、それは明らかに有意味な命題だからである。それゆえまた、それはア・プリオリな法則でもありえない。

六・三二　因果法則[105]とは法則ではない。法則の形式である。

六・三二一　「因果法則」、これは種名である。たとえば力学を見てみれば、そこにはいくつもの最小法則——最小作用の法則[106]、等——があるように、物理学においてはいくつもの因果法則、すなわち因果形式の諸法則が存在する。

六・三二一一　実際ひとは、なんらかの「最小作用の法則」があるに違いないと、それを精確に知る前から予感していたのである。(ここでもまた、例によって、ア・プリオリに確実なものは純粋に論理的なものであると分かる。)

六・三三　われわれは一つの保存法則[107]をア・プリオリに信じるのではない。一つの論理形式の可能性を、ア・プリオリに知るのである。

六・三四　理由律、自然の連続原理、自然の最小消費の原理[108]、等々、これらすべての命題は、科学の命題に与えうる可能な形式をア・プリオリに洞察したものにほかならない。

六・三四一

たとえばニュートン力学は世界記述に統一的な形式を与えている。不規則な黒い模様のある白い平面を想像してみていただきたい。そこで次のような方法を与えるのである。その平面を十分に細かい正方形の網の目で覆い、網の目ごとにそこが白いか黒いかを言う。こうすれば、模様がどのようであろうとも、任意の精確さでそれを記述することができる。このやり方で、私は、その平面の記述に統一的な形式を与えたことになるだろう。三角の網目でも六角の網目でも模様を記述することはできるから、正方形を用いたこの形式はその点では恣意的である。場合によっては、三角の方がより単純な記述を与えるといったことも起こりうるだろう。すなわち、より粗い三角の目の方が、より細かい正方形の目よりも、いっそう精確な記述が可能となる(あるいはその逆)、等々。ここで、異なる網の目は異なる世界記述の体系に対応している。力学は、すべての世界記述命題が所定のいくつかの命題——力学の公理——から所定の仕方で形成されねばならないと主張し、そう主張することによって、世界記述の形式を定めるのである。このようにして、力学は科学という建造物を構築するための資材を提供する。そしてこう言うのである。どんな建造物を建てるとしても、君はこれらの材料を、しかもこれらの材料だけを、やりくりして組み立てていかなければならない。

（数体系によって任意の数を書き出すことができるように、力学体系によって任意の物理学の命題を書き出せなければならない。）

六・三四二

かくして、われわれはいまや、論理学と力学の相互の位置関係を理解する。（ここで想定される網は、たとえば三角や六角といった異種の形の目からなっていてもよい。）先に述べたような図が、所定の形式をもった一つの網によって記述されうるということ、それはその図について何ごとも語ってはいない。（なぜなら、この種のどんな図に対しても同じことが言えるから。）しかし、特定の細かさをもった特定の網の目によって完全に記述されうるとすれば、そのことはその図を特徴づけるものとなる。

同様に、ニュートン力学によって世界が記述されうることは、世界について何ごとも語りはしない。他方、ニュートン力学によって世界が事実そうあるとおりに〔完全に〕記述されうるということ、このことは世界について語るものとなっている。あるいはまた、さまざまな力学のうち、ある力学によって世界がもっとも単純に記述されるとすれば、そのことも世界について何ごとかを語るものとなろう。

六・三四三　力学とは、世界記述に必要とされる真な命題のすべてを、一つの計画に従って構成しようとする試みである。

六・三四三一　物理法則もまた、その論理的な仕組みの全過程を経由したところでは、やはり世界の対象について語っている。

六・三四三二　力学による世界記述がつねに完全に一般的なものであることを忘れてはならない。力学では、たとえば、特定の質点はけっして論じられず、ただなんらかの質点のみが論じられる。

六・三五　言うまでもないことであるが、われわれの図において、たとえその模様が幾何学図形であるとしても、その図形が実際にどういう形でどこに位置するかについて、幾何学はまったく何も語りはしない。他方、網は純粋に幾何学的であり、その性質はすべてア・プリオリに言うことができる。

理由律等の法則は網に関するものであり、網が記述するものには関わらない。

六・三六　かりに因果法則が〔一つの法則として〕存在するとすれば、それは「自然法則が存在する」というものになるだろう。

しかしもちろんひとはそれを語りえない。それは示されている。

六・三六一 ヘルツの言い方を借りて、こう言ってもよいだろう。ただ法則に従った連関のみが思考可能である。

六・三六二 いかなるできごとの経過も「時の経過」なる何ものか――そんなものは存在しない――と比較することはできない。できごとの経過はただ他のできごとの経過（たとえばクロノメーターの動き）と比較しうるのみである。

それゆえ時間的な過程の記述は、他のできごとの経過に依拠してはじめて、可能となる。

空間についてもまったく同じことが言える。そこで、二つのできごと（それらは同じ時刻に同じ場所では起こらないとする）について、ひとがたとえば、「そのどちらも生じえない、なぜならそのどちらかを優先して生じさせるいかなる原因も見当たらないからだ」のように言うとすれば、そこで問題になっているのは、実のところ、「二つのできごとの間に〔因果的に〕なんの非対称性も見出されない場合には、その二つのうちの一方を取り出して記述することは不可能」ということにほかならない。そして、そのような〔因果的な〕非対称性がある場合には、その相違点を、一方が起こり他方が起こらなかった原因として理解することができるのである。

六・三六一一　右手と左手を重ね合わせることができないというカントの問題[109]は、すでに平面において、いや一次元空間でも、問題にできる。

ここで、二つの合同な図形aとbは、この空間の外を移動させなければ重ね合わせられない。右手と左手とは実際まったく合同なのである。つまり、両者を重ね合わせられないということは、それらが合同であることとは別問題なのである。

もし四次元空間において手袋を回転させることができるならば、そのとき、右の手袋を左手にはめることができよう。

六・三六二　記述されうること、それはすなわち起こりうることである。そして因果法則が許容しえないものは、すなわち記述されえないものである。

六・三六三　帰納的探求の核心は、われわれの経験と一致しうるもっとも単純な法則を採用するという点にある。

六・三六三一　しかしこの探求はなんら論理的な正当化をもたず、たんに心理的に正当化されるにすぎない。

もっとも単純なことが現実に次に起こるだろうなどという信念は、明らかに、まったく根拠をもっていない。

六・三六三一一　太陽は明日も昇るだろうというのは一つの仮説である。すなわち、われわれは太陽が昇るかどうか、知っているわけではない。

六・三七　あるできごとが起こったために必然的に他のできごとが引き起こされるといった強制は存在しない。存在するのはただ、論理的必然性のみである。

六・三七一　現代の世界観はすべて、その根底において、いわゆる自然法則を自然現象の説明とする誤りを犯している。

六・三七二　かくして、彼らは自然法則を何か侵すべからざるものとみなし、その地点で歩みを止める。ちょうど、古代の人々が神と運命の前でそうしたように。

そしてそれは、両者ともに正しいとも言えようし、また、両者ともにまちがっているとも言えよう。むしろ、現代の体系のもとではあたかもすべてが説明されるかのように思われているのに対し、古代の人々の場合はそこにはっきりと終端を認めていた分、古代の方がより明晰であったと言えるだろう。

六・三七三　世界は私の意志から独立である。

六・三七四　たとえ欲したことすべてが起こったとしても、それはなお、いわばたんなる僥《ぎょう》倖《こう》にすぎない。なぜなら、意志と世界の間にはそれを保証するいかなる論理的連関も存在せず、さらにまた、かりに意志と世界の間になんらかの物理的連関が立てられたとしても、その物理的連関それ自身を意志することはもはやできないからである。

六・三七五　論理的必然性のみが存在するように、ただ論理的不可能性のみが存在する。

六・三七五一　たとえば二つの色が同時に視野の同じ場所を占めることは不可能であるが、それは実際、色の論理的構造によって排除されており、それゆえ論理的に不可能である。

　この両立不可能性が物理学でどう表現されるかを考えてみよう。一つの粒子は同時に二つの速度を持つことはできない。すなわち、一つの粒子は同時に二つの位置にはありえない。すなわち、一つの時点に異なる位置にある粒子は同一ではありえない。おおむねこのような形で捉えられよう。

(二つの要素命題の論理積は、明らかに、トートロジーにも矛盾にもなりえない。他方、視野の一点が二つの異なる色をもつというのは矛盾である[110]。)

六・四 すべての命題は等価値である。

六・四一 世界の意義は世界の外になければならない。世界の中ではすべてはあるようにあり、すべては起こるように起こる。世界の中には価値は存在しない。——かりにあったとしても、それはいささかも価値の名に値するものではない。

価値の名に値する価値があるとすれば、それは、生起するものたち、かくあるものたちすべての外になければならない。生起するものも、かくあるものも、すべては偶然だからである。

それを偶然ではないものとするのは、世界の中にある何ごとかではありえない。世界の中にあるとすれば、再び偶然となるであろうから。

それは世界の外になければならない。

六・四二 それゆえ倫理学の命題も存在しえない。

命題は〔倫理という〕より高い次元をまったく表現できない。

六・四二　倫理が言い表しえぬものであることは明らかである。
倫理は超越論的である。
(倫理と美はひとつである。[111])

六・四二一　「汝……を為すべし」という形の倫理法則が立てられたとき、「ではそうしなければどうなるのか」と、まず考える。しかし、倫理は明らかに通常の意味での賞罰とは無関係である。それゆえ、このように通常の意味で行為の帰結を問うことは、重要なものではありえない。——少なくとも、行為の帰結を求めるとすれば、それは〔行為の結果として生じる〕できごとであってはならない。この点で、先の問いかけはなるほど正しいものをもっていると言うべきだろう。たしかに、ある種の倫理的賞罰というものは、あらねばならないのである。ただし、それは当の行為それ自身のうちにあるのでなければならない。
(そしてまた、賞が快であり、罰が不快であらねばならないことも、明らかである。)

六・四二三　倫理的なものの担い手たる意志について語ることはできない。
他方、現象としての意志はただ心理学の興味を引くにすぎない。

六・四三　善き意志、あるいは悪しき意志が世界を変化させるとき、変えうるのはただ世界の限界であり、事実ではない。すなわち、善き意志も悪しき意志も、言語で表現しうるものを変化させることはできない。

ひとことで言えば、そうした意志によって世界は全体として別の世界へと変化するのでなければならない。いわば、世界全体が弱まったり強まったりするのでなければならない。

幸福な世界は不幸な世界とは別ものである。

六・四三一　同様に、死によっても世界は変化せず、終わるのである。

六・四三一一　死は人生のできごとではない。ひとは死を体験しない。

永遠を時間的な永続としてではなく、無時間性と解するならば、現在に生きる者は永遠に生きるのである。

視野のうちに視野の限界は現れないように、生もまた、終わりをもたない。

六・四三一二　人間の魂の時間的な不死性、つまり魂が死後も生き続けること、もちろんそんな保証はまったくない。しかしそれ以上に、たとえそれが保証されたとしても、その想定は期待されている役目をまったく果たさないのである。いったい、私が永遠に生き続けたとして、それで謎が解けるとでもいうのだろうか。その永遠の生もまた、現在の生と何ひとつ変わらず謎に満ちたものではないのか。時間と空間のうちにある生の謎の解決は、時間と空間の外にある。

（ここで解かれるべきものは自然科学の問題ではない。）

六・四三二　世界がいかにあるかは、より高い次元からすれば完全にどうでもよいことでしかない。神は世界のうちには姿を現しはしない。

六・四三二一　事実はただ問題を導くだけであり、解決を導きはしない。

六・四四　神秘とは、世界がいかにあるかではなく、世界があるというそのことである。

六・四五　永遠の相のもとに[112]世界を捉えるとは、世界を全体として――限界づけられた全体として――捉えることにほかならない。

限界づけられた全体として世界を感じること、ここに神秘がある。

六・五　答えが言い表しえないならば、問いを言い表すこともできない。

謎は存在しない。

問いが立てられうるのであれば、答えもまた与えられうる。

六・五一　問われえないものを疑おうとする以上、懐疑論は論駁不可能なのではなく、あからさまにナンセンスなのである。

すなわち、問いが成り立つところでのみ、疑いも成り立ちうるのであり、答えが成り立つところでのみ、問いが成り立つ。そして答えが成り立つのは、ただ、何ごとかが語られうるところでしかない。

六・五二　たとえ可能な科学の問いがすべて答えられたとしても、生の問題は依然としてまったく手つかずのまま残されるだろう。これがわれわれの直感である。もちろん、そのときもはや問われるべき何も残されてはいない。そしてまさにそれが答えなのである。

六・五二一　生の問題の解決を、ひとは問題の消滅によって気づく。

（疑いぬき、そしてようやく生の意味が明らかになったひとが、それでもなお生の意味を語ることができない。その理由はまさにここにあるのではないか。）

六・五二二　だがもちろん言い表しえぬものは存在する。それは示される。それは神秘である。

六・五三　語りうること以外は何も語らぬこと。自然科学の命題以外は――それゆえ哲学とは関係のないこと以外は――何も語らぬこと。そして誰か形而上学的なことを語ろうとするひとがいれば、そのたびに、あなたはその命題のこれこれの記号にいかなる意味も与えていないと指摘する。これが、本来の正しい哲学の方法にほかならない。この方法はそのひとを満足させないだろう。——彼は哲学を教えられている気がしないだろう。——しかし、これこそが、唯一厳格に正しい方法なのである。

六・五四　私を理解する人は、私の命題を通り抜け——その上に立ち——それを乗り越え、最後にそれがナンセンスであると気づく。そのようにして私の諸命題は解明を行なう。（いわば、梯子《はしご》をのぼりきった者は梯子を投げ棄てねばならない。）

私の諸命題を葬りさること。そのとき世界を正しく見るだろう。

七　語りえぬものについては、沈黙せねばならない。

バートランド・ラッセルによる解説⑴

ウィトゲンシュタイン氏の『論理哲学論考』は、それが扱う諸問題に最終的な真理を与えているか否かは後の評価をまつとしても、その広さ、射程、そして深さにおいて、哲学上の一大事件とされるにふさわしいものであることは疑いありません。記号体系の諸原理、およびすべての言語で成立すべき語とものとの関係から論じ始められ、その考察の成果が、伝統的哲学のさまざまな分野へと適用されていきます。そして各々の場面で、伝統的哲学および伝統的解決が、いかにして記号体系の諸原理を誤解することに、また言語を誤用することに基づいているかが、示されるのです。

最初に、命題の論理的構造と論理的推論の本性が問題にされます。そこからわれわれはさらに、知識の理論、物理学の原理、倫理学と進んで行き、最後は神秘へと至ることになります。

ウィトゲンシュタイン氏の著作を理解するには、彼が関わっている問題が何であるかをはっきりさせねばなりません。彼の理論の中で、その記号体系に関する部分について言うならば、彼はそこにおいて、論理的に完全な言語が満たすべき条件は何かという問題を論じています。[2] 言語に関してはさまざまな問題が立てられます。第一に、何ごとかを意味するという意図のもとにわれわれが言語を用いるとき、その心の中で実際に何が生じているのか、という問題。これは心理学の問題です。第二に、思考あるいは語や文と、それらが指示ないし意味しているものとの間に成り立つ関係は何か、という問題。これは認識論の問題です。[3] 第三に、虚偽を排し真なることを伝えるために文を用いる場面で問題にされるものもあります。それは、その文が話題としていることを扱う個々の科学の問題です。そして第四に、ある事実(たとえば文というひとつの事実)が他の事実に対するシンボルとなりうるためには、そこにどのような関係が成り立っていなければならないのか、という問題が問われます。最後のこの問いが、論理的問題であり、ウィトゲンシュタイン氏の関わる問題なのです。彼は、正確な記号体系、すなわち、一つの文がまったく曖昧さのない仕方で何ごとかを「意味する」、そういう記号体系たる条件を論じます。実際には、言語はつねに幾ばくかの曖昧さをもっており、そのためわれわれの主張も不精確なものとなってしまうわけです。そこで、記号体系に関して論理学は二つの問題を扱うことになります。(1) いくつかのシンボルを組み合わせたときに、それが有意味なものとなり、ナンセンスにならないための条件は何か。(2) シンボルないしシンボルの組合せにおいて、その意味あるいは指示対象が一つに定まるための条件は何か。論理的に完全な言語であれば、ナンセンスを排除する構文規則があり、また、一つのシンボルにはつねに確定した唯一の意味が与えられています。ウィトゲンシュタイン氏が関わるのはこうした論理的に完全な言語の条件なのです。それはけっして、論理的に完全な言語が存在するとか、いまここでそれを作り出せるだろうといったことを意味してはいません。そうではなく、言語の全機能は意味をもつということであり、言語がその機能を果たすのは、それがわれわれの要請する理想言語にどのくらい近づいているかによるということなのです。(4)

言語の仕事の本質は、事実を主張すること、あるいは否定することにあります。ある言語に対して、その構文論が与えられているときには、文の構成要素となる語の意味が知られれば、そこからただちにその文の意味が決まります。ある文がある事実を主張するためには、その言語がどのように構成されていようとも、文の構造と事実の構造とに共通の何かがなければなりません。おそらくここに、ウィトゲンシュタイン氏の理論のもっとも根本的なテーゼがあります。文と事実が共通にもつべき構造、それを再び言語で語ることはできない、彼はそう強く主張します。彼の言い方に従えば、それは示されるのみであり、語られえないのです。たとえそれについて何ごとかを語ったとしても、その文がまた、当のその構造をもっていなければならないからです。

　理想言語にまず要求されることは、単純なものの各々が一つの名をもち、二つの異なる単純なものはけっして同じ名をもってはならない、ということでしょう。名は、それ自体シンボルであるような部分をもたないという意味で、単純なシンボルとなります。論理的に完全な言語では、単純でないものが単純なシンボルをもつことはないでしょう。シンボルを部分として含む場合には、その全体に対するシンボルは一つの「複合的なもの」となります。実は、あとで明らかになるように、一つの「複合的なもの」に言及することは哲学的文法の諸規則に反しているのですが、最初のうちはどうしてもこうした語り方が必要になります。「哲学的なことについて書かれてきた命題や問いのほとんどは、誤っているのではなく、無意味(5)なのである。それゆえ、この種の問いに答えを与えることなどおよそ不可能であり、われわれはただそれが無意味であると言い立てることしかできない。哲学者たちの発するほとんどの問いと命題は、われわれが自分の言語の論理を理解していないことに基づいている。（それらは、善と美はおおむね同一であるのか、といった問いと同類である。）」（四・〇〇三）世界における複合的なものとは、事実です。ある事実が、別の諸事実から合成されているのではない場合、ウィトゲンシュタイン氏はそれを'Sachverhalt'〔事態〕と呼び、二つ以上の事実から成る事実を'Tatsache'〔事実〕と呼びます。(6) たとえば、「ソクラテスは賢い」はSachverhalt〔事態〕でもTatsache〔事実〕でもありますが、他方、「ソクラテスは賢く、そしてプラトンは彼の弟子である」はTatsache〔事実〕ではありますが、Sachverhalt〔事態〕ではありません。

彼は言語表現を幾何学における射影になぞらえています。幾何学図形はさまざまな仕方で射影され、その射影方法の各々がそれぞれ別個の言語に対応するわけですが、しかし、いずれの方法がとられようとも、もともとの図形がもっていた射影的性質は変化しません。彼の理論では、事実を主張する命題がその事実と共有しなければならないものが、この射影的性質に対応します。

単純な例を考えるならば、これは言うまでもなく明らかなことです。たとえば、二人の人物について述べるとしましょう。（ここでは人物を単純なものとみなしてよいと仮定します。）そのとき、二つの名を用いなければ、二人の人物について何ごとかを述べるのも不可能です。そしてまた、二人の関係を主張しようというのであれば、それを主張する文は、その二つの名を関係づけるようなものでなければなりません。「プラトンはソクラテスを愛する」と言うとしましょう。ここで語「プラトン」と語「ソクラテス」を結ぶ「……は……を愛する」という表現が、これら二つの語の間にしかるべき関係を与えるわけです。そして、この事実のゆえに、われわれの文は「プラトン」および「ソクラテス」という語で名づけられた二人の人物の関係を主張しうるものとなるのです。「複合記号「aRb」が、aがbに対して関係Rにあることを語っている、と言うべきではない。「a」が「b」に対してしかじかの関係にあるという事実が、aRbという事実を語っている、と言うべきである。」(三・一四三二)

ウィトゲンシュタイン氏は記号体系に関する理論を「われわれは事実の像を作る」(二・一)と主張するところから始めます。像とは現実の模型である、そう彼は言います。そして現実における対象に像の要素が対応する、と。像もまた、それ自身ひとつの事実なのです。ものが互いにしかじかの関係にあるという事実を、像においてその要素が互いにしかるべき関係にあるという事実が表現する、というわけです。「およそある事実が他の事実の像でありうるには、像と写像されるものにおいて何かが同一でなければならない。像が像という仕方で現実を――正誤はともかくとして――表現しているために現実と共有していなければならないもの、それは写像形式である。」(二・一六一、二・一七)

像がもつ類似性ということで、およそ像であるために本質的なことだけを意味しようとするとき、われわれは現実に対する論理像を問題にしていることになります。つまり、像の類似性として、ただ論理形式の一致だけを考えるわけです。事実の論理像が'Gedanke'(思考)であると、彼は言います。像は事実に対応することも対応しないこともありえ、それに応じて真とも偽ともなりますが、いずれの場合でも、事実と論理形式は共有されるのです。像ということで彼の言わんとすることは、こう説明されています。「レコード盤、楽曲の思考、楽譜、音波、これらはすべて互いに、言語と世界の間に成立する像としての内的な関係にある。それらすべてに論理的構造が共通している。(童話に出てくる二人の若者、その二頭の馬、そして彼らの百合のように。それらはある意味ではすべてひとつなのである。)」(四・〇一四) 命題が事実を表現しうるのも、命題においておいて対象が記号で表現されているということに基づいています。他方、いわゆる論理「定項」は記号によって表現されるものではなく、事実の論理形式それ自身が、命題においても現れることになります。命題と事実とは同じ論理的「多様性」を示さねばならず、そしてそれは事実と像とが共有しなければならないものですから、その多様性自身を表現することはできないのです。ウィトゲンシュタイン氏は、哲学的なことはすべて、本来、示されうるのみであり、事実とその論理像が共有するものに関わる、と主張します。この見解から、なんであれ哲学において何ごとかを語った命題は正しいものではありえないということが帰結します。すべての哲学的命題は文法違反であり、哲学的議論に望みうる最大の成果は、哲学的議論の誤りを見てとらせることなのです。「哲学は自然科学の一つではない。(「哲学」という語は、自然科学と同レベルのものを意味するのではなく、自然科学の上にある、あるいは下にあるものを意味するのでなければならない。)哲学の目的は思考の論理的明晰化である。哲学は理論ではなく、活動である。哲学の仕事の本質は解明することにある。哲学の成果は「哲学的命題」ではない。諸命題の明確化である。思考は、そのままではいわば不透明でぼやけている。哲学はそれを明晰にし、限界をはっきりさせねばならない。」(四・一一一、四・一一二)この原理に従えば、ウィトゲンシュタイン氏の理論を理解するために読者に向けて語られたことは、そのことごとくが、この理論自身によって無意味と断罪されるものにほかなりません。そのことを念頭においた上で、彼の体系の根底にあると思われる世界像をお伝えするよう、試みることにしましょう。

　世界は事実からなります。事実とは何であるか、厳格に言えばそれを定義することはできませんが、事実によって命題は真ないし偽になると言うことで、そのポイントは説明できるでしょう。事実は、その部分がまた事実であるものもあれば、もはや事実であるような部分をもたないものもあります。たとえば、「ソクラテスは賢いアテナイ市民であった」は「ソクラテスは賢かった」と「ソクラテスはアテナイ市民であった」という二つの事実からなっています。事実であるような部分をもたない事実を、ウィトゲンシュタイン氏は‘Sachverhalt’〔事態〕と呼ぶわけです。これはまた、彼が原子的事実[7]と呼ぶものと同じです。原子的事実は、事実であるような部分はもちませんが、なおその構成部分をもっています。「ソクラテスは賢い」を原子的事実としますと、それは「ソクラテス」と「賢い」という構成要素をもっていることが分かります。原子的事実が可能なかぎり分析されたところでは（それは理論的にであって、実際上の可能性ではありませんが）、その構成要素は最終的に「単純なもの」ないし「対象」と呼べるものになります。ウィトゲンシュタイン氏は、われわれが実際に単純なものを取り出して、それについて経験的な知識を得られると主張しているわけではありません。それは、電子のように理論的に要請される、論理的に必然的なことなのです。単純なものがあらねばならないという主張の根拠は、すべての複合的なものはひとつの事実を前提するという点にあります。ここで、事実の複合性が有限にとどまると想定される必要はありません。たとえすべての事実が無限個の原子的事実から構成されており、またすべての原子的事実が無限個の対象から構成されていたとしても、やはり対象と原子的事実は存在するでしょう(四・二二一一)。しかじかの複合的なものがあるという主張は、言い換えれば、その構成要素がしかじかの仕方で関係しているという主張にほかなりません。そしてこれはひとつの事実の主張なのです。かくして、われわれが複合的なものに名を与える場合、その名が意味をもつのは、しかるべき命題が真である場合だけ、すなわち、その複合的なものの構成要素がしかじかに関係していると主張する命題が真の場合だけであることになります。したがって、複合的なものに名を与えることは命題を前提にし、他方、命題は単純なものに名を与えることを前提にするわけです。こうして、単純なものに名を与えることこそが、論理学における論理的な出発点であることが示されます。

　原子的事実がすべて知られ、しかもそれですべてであることが言われれば、世界は完全に記述されたことになります。たんに世界に存在するすべての対象に名を与えるだけでは、世界を記述したことにはなりません。それらの対象から構成される原子的事実もまた、知られねばならないのです。原子的事実の総体が与えられたならば、どれほど複合的な命題であろうと、あらゆる真なる命題は理論的には推論可能になります。原子的事実を主張する命題は(真であれ偽であれ)原子命題[8]と呼ばれます。原子命題はすべて論理的に相互独立です。いかなる原子命題も、他の原子命題を含意することはありませんし、また他の原子命題と不整合になることもありません。かくして、論理的推論はただ原子的でない命題にだけ関わるものとなります。原子的でないそのような命題は、分子命題と呼べるでしょう。

分子命題に関するウィトゲンシュタインの理論の核心は、真理関数の構成についての彼の理論にあります。

命題pの真理関数とは、pを含み、ただpの真偽のみに応じて全体の真偽が定まる、そのような命題です。同様に、いくつかの命題p、q、r、……の真理関数とは、p、q、r、……を含み、ただp、q、r、……の真偽のみに応じて全体の真偽が定まる命題のことです。一見すると、真理関数以外にも命題の関数があるように思われるかもしれません。たとえば「Aはpと信じている」などがそうです。というのも、一般にAは真な命題を信じていることも偽な命題を信じていることもあるでしょうから。Aがとほうもない知性の塊というのでもないかぎり、彼がpと信じていることからpが真であると推論することも、彼がpではないと信じていることからpが偽であると推論することも、できはしません。また、一見したところ例外に思われる別の事例としては、「pはきわめて複雑な命題である」や「pはソクラテスについての命題である」といったものが挙げられるでしょう。しかしウィトゲンシュタイン氏は、のちほど明らかになる理由により、それらは見せかけの例外事例にすぎず、実のところ命題の関数はすべて真理関数なのだと主張します。そして、このことから導かれる結論はこうです。われわれが真理関数を一般的に定義しえたならば、そのときわれわれはもととなる原子命題の集合を用いて、全命題に対する一般的定義を得ることができるようになります。これこそ、ウィトゲンシュタインが向かっている地点にほかなりません。

シェファー博士によって示されたこと(*Trans. Am. Math. Soc.*〔『アメリカ数学会会報』〕, Vol. XIV. pp. 481-488)ですが、ある命題の集合から作られるすべての真理関数は、「pではないかまたはqではない」あるいは「pでもqでもない」のいずれかの関数を用いて構成することができます。ウィトゲンシュタインはシェファー博士のこの成果を既知のこととして踏まえ、後者の関数を用いています。「pでもqでもない」から他の真理関数がどのように構成されるかを理解することは、難しくありません。(「pでもqでもない」においてqをpとおいた)「pではなく、pでもない」は「pではない」と同値ですから、これで否定をわれわれの基礎関数によって定義したことになります。すると、「pまたはq」は基礎関数である「pでもqでもない」を否定したものにほかなりませんから、これも定義できます。そして「pではない」と「pまたはq」から他の真理関数を導くことができるわけですが、その詳細は『プリンキピア・マテマティカ』のはじめの方で説明してあります。こうして、真理関数の入力項となる命題が枚挙されれば、求める真理関数はすべて与えられることになるわけです。ところがウィトゲンシュタインは、きわめて興味深い分析の結果、このやり方を一般命題へと、すなわち、真理関数の入力項となる命題が枚挙されるのではなく、ある条件を満たすものすべてという形で与えられる場合へと、拡張することに成功します。たとえばfxを、「xは人間である」のような命題関数(命題を値として出力する関数)としましょう。そのとき、fxのさまざまな値は一つの命題集合を形成します。そこで、「pでもqでもない」を拡張して、fx

の値であるすべての命題を同時に否定する形へと、その考え方を適用できるでしょう。すると、数理論理学で通常「fxはすべてのxの値に対して偽である」と表現される命題が得られます。これを否定すれば、「fxを真にするxが少なくとも一つ存在する」という命題、「(∃x).fx」と表される命題になります。あるいはまた、fxではなく「fxではない」からスタートすれば、「fxはxのすべての値に対して真である」という命題、「(x).fx」と表される命題を得ます。一般命題(すなわち「(x).fx」および「(∃x).fx」)を扱うウィトゲンシュタインのこの方法が従来のものと異なっているのは次の点です。まず、一般性は関連する命題の集合を特定してはじめて現れてきます。そして、命題集合が特定されたならば、それに対する真理関数の構成は、有限個の入力項p、q、r、……が枚挙された場合とまったく同じようにして為されることになります。

この点に関して、本書でウィトゲンシュタイン氏は彼の記号体系をあまり十分に説明していません。彼は次のようなシンボルを用います。

$[\bar{p}, \bar{\xi}, N(\bar{\xi})]$

このシンボルはこう説明できます。

$\bar{p}$は原子命題の全体を表す。

$\bar{\xi}$はなんらかの命題集合を表す。

$N(\bar{\xi})$ は$\bar{\xi}$を形成するすべての命題の否定を表す。

$[\bar{p}, \bar{\xi}, N(\bar{\xi})]$ というシンボル全体は、次のようにして得られるすべての命題を表しています。——任意の原子命題の組を作る。その組に含まれる命題をすべて否定する命題を作る。こうして作られた命題と、そのもととなった命題から、任意の命題の組を作る。——以下同様。このステップを無限に繰り返す。これが一般的な真理関数であり、また命題の一般形式なのだと、彼は主張します。見た目は錯綜していますが、実際にはそれほどのことはありません。つまり、このシンボルは、与えられた原子命題から他のすべての命題をこしらえていけるような方法を記述しようとしたものにほかなりません。そしてその方法は次の点に基づいています。

(a) すべての真理関数は同時否定によって、すなわち「pでもqでもない」によって得ることができる、というシェファーの証明。

(b) 連言と選言[9]から一般命題を導くウィトゲンシュタイン氏の理論。

(c) 命題はただ真理関数の入力項としてのみ他の命題の中に現れうるという主張。

これら三つが基礎として与えられれば、そこから、原子的でないすべての命題は原子命題から一定の方法によって導かれうることが結論されます。ウィトゲンシュタイン氏のシンボルが表しているのは、まさにその方法なのです。

この一定の構成方法を手にしたことから、推論についての理論は驚くほど単純化されることになりますし、同時にまた、論理学の命題がいかなるものであるかも、定義されることになります。いま述べたような生成方法に基づいて、ウィトゲンシュタインは、すべての命題はこのようにして原子命題から構成されうると主張し、また、そのように構成されうるものが命題の総体を与えると定義することができます。（先に言及した一見したところの例外については、後で論じられる仕方で処理されます。）かくしてウィトゲンシュタインは、次のような主張へと到達します。命題とは、原子命題の総体（およびそれが原子命題の総体であるという事実）から導かれるもののすべてである。命題はつねに原子命題の真理関数である。また、pがqから帰結するときには、pの意味はqの意味に含まれている。さらにこのことに基づいて、原子命題からはいかなる命題も演繹《えんえき》されえないということが、当然帰結します。そして、論理学の命題はすべて、たとえば「pまたはpではない」のような、トートロジーなのだ、と彼は主張するのです。

原子命題からは何も演繹されえないという事実は、いくつかの話題に対して興味深い仕方で適用されます。たとえば、因果性を取り上げてみましょう。ウィトゲンシュタインの論理に従えば、因果連鎖のようなものは存在しえないことになります。「未来のできごとを」、と彼は主張します、「現在のできごとから推論することは不可能なのである。因果連鎖を信じることこそ迷信にほかならない」。明日も太陽は昇るだろうということは仮説なのです。あるできごとが起こったために必然的に他のできごとが引き起こされるという強制は存在しません。ですから、われわれは太陽が昇るかどうか、実際には知らないのです。

ここで別の主題を取り上げることにしましょう。名の問題です。ウィトゲンシュタインが理論的に想定する論理的言語においては、名は単純なものに対してのみ与えられます。二つの名が一つのものに与えられてはなりませんし、一つの名が二つのものに与えられてもいけません。彼に従えば、名づけられうるものの総体を記述すること、換言すれば、世界に存在するものの総体を記述することは、どのようにしても不可能です。そのような記述を為しうるには、すべてのものに論理的な必然性をもって備わっているようなんらかの性質が知られねばなりません。そこで、そのような性質を自己同一性に見出そうとする試みが従来為されてきたわけです。しかし、ウィトゲンシュタインは同一性の概念に対して決定的と思われる破壊的批判を行ないます。識別不可能なものを同一とする同一性の定義は、不可識別者の同一性が論理的に必然的な原理ではないと思われるという理由で、却下されます。この原理によれば、xのもつすべての性質がyの性質でもあるとき、xはyと同一であるとされます。しかし、二つのものがまったく同じ性質をもつということも、けっきょくのところ、論理的には可能でしょう。そのようなことが現実には起こらないとしても、それは世界の偶然的な特徴であり、論理的に必然的な特徴ではありません。そして世界の偶然的な特徴は、言うまでもなく、論理の構造に含められてはなりません。そこでウィトゲンシュタイン氏は、同一性を消去し、異なる文字が異なるものを意味するように取り決めるのです。実際問題としては、同一性は名と記述を結ぶものとして、あるいは記述と記述を結ぶものとして、たとえば「ソクラテスは毒ニンジンを飲んだ哲学者である」とか「偶数の素数は1の次の数である」といった命題において、必要になりますが、こうした同一性であれば、ウィトゲンシュタインの体系でも容易に与えることができます。

同一性を拒否することによって、ものの総体について語る一つの方法が排除されることになります。そしてまた、他の方法が何か提案されたとしても、それらはすべて同様に誤りであることが分かるでしょう。少なくともウィトゲンシュタインはそう主張し、私もそれを正しいと考えます。これはつまり、「対象」という概念が疑似概念だということにほかなりません。「x は対象である」と語っても、それは何も語ってはいないのです。したがって、「世界には三つ以上の対象がある」とか「世界には無限個の対象がある」などと主張することはできません。対象はなんらかの確定した性質を伴ってのみ、言及されうるのです。すなわち、「人間である対象が三つ以上存在する」や「赤い対象が三つ以上存在する」であれば、許されます。こうした言明では、「対象」は論理学の言語で変項に置き換えられるからです。すなわち、前者の言明ではその変項は「x は人間である」という関数を満たすものであり、後者では「x は赤い」という関数を満たすものになるわけです。しかし、「三つ以上の対象が存在する」のように言おうとする場合には、「対象」という語を変項で置き換えることはできません。そのことから、その命題の無意味さが分かります。

ここにおいてわれわれは、世界全体について何ごとかを語ることはできない、というウィトゲンシュタインの根本的テーゼのひとつと向かい合うことになります。すなわち、語られうることはただ世界の限られた部分についてのみ、というわけです。この見解は、もともとは表記法についての考察から引き出されてきたもののように思われます。そしてそのことは、この見解をいっそう強く支持する理由を与えます。というのも、よくできた表記法というものは、ときとして教師からじかに教えられているかのように思われるほど、微妙で示唆に富むものをもっているからです。まず表記法の不正確さによって哲学的誤謬が知らされることもしばしばですし、完全な表記法であれば思考に取って代わりもするでしょう。しかし、たとえ表記法の問題からウィトゲンシュタイン氏が論理を世界全体ではなく世界の内部にあるものに限定するという主張を得たとしても、ひとたびこの見解が得られたならば、それはたんに表記法の問題にとどまらず、他の多くの理由からも推し進められるものとみなされるようになります。表記法の問題を越えたそれらの点について、それが最終的に正しいとされるべきかどうか、私としては、分からないとお答えするしかありません。この解説での私の役目は評価を下すことではなく、説明を与えることにあります。彼の見解に従えば、われわれが世界全体について語りうるのは、われわれが世界の外に立ちうるとき、いわば、世界がわれわれにとってもはや世界全体であることを止《や》めたときでしかありません。高みから見渡せる至高の存在にとってはわれわれの世界も限界をもったものとなるのでしょうが、われわれにとっては、たとえそれが有限のものであろうとも、世界は外部をもちえないがゆえに、限界ももちえないのです。ウィトゲンシュタインが用いるのは、視野のアナロジーです。われわれの視野は外部をもちえず、まさにそれゆえに、われわれにとっては限界をもちません。論理的世界が論理的限界をもたないというのも、それと同様に、われわれの論理はその外部にある何ごとにも関知しないからなのです。こうした考察は、独我論についてのいくぶん奇妙な議論を導くことになります。彼の述べるところによれば、論理は世界を満たしており、世界の限界はまた、論理の限界でもあります。それゆえ論理では、「世界にはこれらは存在するが、あれは存在しない」と語ることはできません。というのも、一見すると、「あれは存在しない」と語ることでいくつかの可能性が排除されるようにも思われるのですが、このような可能性の排除は世界の事実ではありえないからです。すなわち、もしそれが世界の事実だとすれば、あたかも、論理が世界の限界を外側からも眺めうるかのように、論理は世界の限界を越えていなければならないでしょうから。思考しえぬことをわれわれは思考することはできず、それゆえ、思考しえぬことを語ることもできません。

このことが独我論に対する鍵を与える、と彼は主張します。独我論の言わんとすることはまったく正しい。しかしそれは語られえず、示されうるのみなのです。世界が私の、世界であることは、言語(私が理解する唯一の言語)の限界が私の世界の限界を表しているという事実のうちに現れています。形而上学的な主体は、世界の一部としてあるのではなく、世界の限界にほかならないのです。

次にわれわれは、「Aはpと信じている」のような、一見したところそれを構成する命題の真理関数になっていないように思われる分子命題の問題を論じなければなりません。

ウィトゲンシュタインはこの主題を、すべての分子命題は真理関数であるという彼の立場を表明する脈絡で取り上げています。彼はこう言います(五・五四)。「一般的な命題形式では、命題はただ真理操作の基底としてのみ、他の命題中に現れる。」そしてこう続けます。一見したところ、ある命題、たとえば「Aはpと信じている」のような命題は、これとは別の仕方でも他の命題中に現れうるかのように思われる。つまり、表面的に見れば、命題pが対象Aとある種の関係を持っているかのように見えるわけです。「しかし、明らかに、「Aはpと信じている」「Aはpと考える」「Aはpと語る」は、「「p」はpと語る」という形式となる。そしてここで問題になるのは、事実と対象の対応関係ではなく、対象と対象の対応を通して与えられる事実相互の対応関係にほかなら

ない。」（五・五四二）

ここでウィトゲンシュタイン氏が述べていることはあまりにも簡潔で、彼が関わっている議論を把握していないとポイントがはっきりしないでしょう。彼が異を唱えている説は、*Philosophical Essays*, 1910〔『哲学論文集』〕および *Proceedings of the Aristotelian Society*, 1906-7〔『アリストテレス協会会報』〕での、真偽の本性についての私の論文にあるものです。論じられている問題は信念の論理形式、すなわち、ひとが何かを信じているときに生じていることを表す図式は何か、という問題です。もちろん、問題はただ信念についてだけでなく、疑う、考える、望む、等々の、命題的態度と呼ばれうる他の多くの心的現象に関わります。これらの事例では、その現象を「Aはpと疑う」「Aはpと望む」等々の形式で表現することが自然であると思われます。そこで、あたかも人物と命題の関係が扱われているかのように思われるのです。しかし、言うまでもなく、これは最終的な分析ではありえません。というのも、〔命題的態度の主体として想定される〕人物なるものは虚構にほかならず、命題もまた、それをひとつの事実として捉えることができるという側面を除外すれば、虚構だからです。命題をひとつの事実として捉えるとすれば、それは声に出さずに語られた一組の語でもあるでしょうし、複合的なイメージ、心をよぎるイメージの連なり、あるいは、一連の萌芽的な身体運動でもあるでしょう。さまざまなものが無数にありえますが、いずれでもかまいません。その命題がいかなる事実として現れているか、たとえばそれが独り言として実際に口にされた一組の語であるといったことは、論理とは関係がありません。論理に関係するのは、これらの事実のすべてに共通する要素、すなわち、命題が主張する事実を——ふつうの言い方をすれば——意味することを可能にするものなのです。もちろん、心理学はこれより多くのことに関わります。というのも、あるシンボルがその表すものを意味するには、ただ論理的な関係だけではなく、意図、連想、またそれに類するさまざまな心理的関係をも、必要とするからです。しかし、意味に関する心理学的側面は、論理学者の関心ではありません。論理学者が信念の問題において関わるのはその論理的図式です。ある人物がある命題を信じているとき、その人物、すなわち形而上学的主体としてのその人物は、そこで生じていることを説明するためには想定される必要はありません。説明されるべきは、事実としての命題を形づくる一組の語と、命題を真ないし偽とする「客観的」事実の関係です。これは、つまるところ、命題の意味についての問題に帰着します。すなわち、信念の分析に含まれる問題のうち、唯一心理学的でない部分が、命題の意味なのです。

この問題は、まさに二つの事実――信念主体によって用いられた語の列とそれを真ないし偽とする事実――の関係を問うものにほかなりません。語の列もまた、それを真ないし偽とするものが事実であるのとまったく同様に、事実なのです。これら二つの事実の関係は、命題の意味が構成要素である語の意味から得られるものである以上、分析不可能なものではありません。命題をなす語の列の意味は、個々の語の意味の関数となります。それゆえ、命題の意味の説明において、命題をその全体として説明しなければならないということは、実際には起こらないのです。あるいは、私が示そうとしている観点を示唆するには、いま考察している場面では命題は事実として現れるのであり、命題として現れるのではない、と言えば伝わりやすいかもしれません。しかし、そのような主張はあまり文字どおりにとられるべきではありません。言いたいことは、信じること、望むこと、等々において、論理的にだいじなのは事実として捉えられた命題とそれを真ないし偽にする事実との関係であり、それら二つの事実の関係はその構成要素の関係に還元可能だという点です。かくして、真理関数にはたしかに命題が含まれるのに対して、そのような意味では、ここには命題はまったく含まれていないのです。

ウィトゲンシュタイン氏の理論には、いくつかの点でさらなる技術的な改良を必要とするものがあるように、私には思われます。とくに数についての理論〔六・〇二以下〕がそうです。それはいまの形ですと有限の数しか扱えません。[10] しかし、超限数〔すなわち無限に関わるさまざまな数〕を扱いうることが示されなければ、論理学としては十分なものとはみなされえないでしょう。とはいえ、ウィトゲンシュタイン氏の体系に、何かこの不足を補うことを不可能にするものがあるとは、私は考えません。

　こうした比較的細かい問題よりも、いっそう興味深いのは神秘的なものに対するウィトゲンシュタイン氏の態度です。それもまた、やはり純然たる論理学に属する彼の学説から派生してくるものにほかなりません。その説に従えば、論理に適《かな》った命題は事実の〔真ないし偽の〕像であり、命題と事実とはある構造を共有しています。命題をその事実の像たらしめるものはこの共通の構造なのです。しかし、その構造それ自身は、言葉が表す事実の構造であると同時に、言葉の構造でもあるわけですから、もはや言葉で表現することはできないものとなります。それゆえ、言語の表現可能性という観念そのものに関わることは、いっさい言語では表現されえないままであるしかなく、したがって〔表現されえているかのように見えるものも〕完全に厳密な意味では表現不可能なものなのです。ウィトゲンシュタイン氏に従えば、この表現不可能なものには、論理と哲学のすべてが含まれます。彼はこう言っています。哲学を教える正しい方法は、ただ自然科学の命題のみを語ること、そしてそれを可能なかぎりの明晰さと精確さで語ることにある。そのさい、哲学的主張は学ぶ者の側に委ねられ、教師は哲学的主張が立てられるたびに、それが無意味であることを示してやるのである、と。この教授法を行なおうとする者には、なるほどソクラテスの運命が待っているかもしれません。しかし、これが唯一の正しい方法であるならば、そのような運命を恐れて立ち止まってはならないでしょう。実際、私がここでためらっているのは、そのような恐れのゆえではありません。彼が自分の立場に対してきわめて強力な議論を与えているにもかかわらず、なおそれを受け入れることを躊躇《ちゅうちょ》させるもの、それは、けっきょくのところ、ウィトゲンシュタイン氏といえども語りえぬことをずいぶんたくさん語りおおせているではないか、という点なのです。そうして、疑り深い読者であれば、ひょっとすると何か抜け道があるのでは、と思いたくもなります。言語に階層を設けるとか、あるいは何かそのような出口が他にもあるのではないか。たとえば、ウィトゲンシュタイン氏は倫理に関する話題をすべて神秘的な、表現不可能な領域に位置づけます。それにもかかわらず、彼は倫理についての見解を著しえているのです。彼はそれに対して、神秘と彼が呼ぶものは語ることはできないけれども、示すことはできるのだと反論するでしょう。そうなのかもしれません。しかし、正直に申し上げれば、私としては相変わらずどこか知的な居心地悪さとでもいうものを感じるのです。

こうした困難がとくにきわだってくる問題が、純粋に論理的な問題としてひとつあります。一般性の問題です。一般性の理論では、ある与えられた命題関数fxに対して、この形式をもつすべての命題を捉えねばなりません。これは、ウィトゲンシュタイン氏の体系に従えば、表現可能な論理の領域に属するものとなります。しかし、形式fxをもつ命題の総体に含まれると思われるxが取りうる値の総体はどうかといえば、これは世界に存在するものの総体にほかならず、それゆえ世界全体を捉えようとすることを伴いますから、ウィトゲンシュタイン氏はこれを語りうるものに組み入れることはできません。「限界づけられた全体として世界を感じること、ここに神秘がある。」したがって、xの値の総体は神秘的となります(六・四五)。ウィトゲンシュタイン氏自身、世界にいくつの対象があるかについて、たとえば「三個以上の対象がある」のような命題は作りえないと主張する箇所で、このことを明確に論じているのです。

これらの困難に対して、私としては次のような解決の道を探りたくなります。なるほどウィトゲンシュタイン氏が言うように、いかなる言語も、それが有しているある構造についてその言語の内部で語ることはできません。しかし、この第一の言語の構造を扱う別の言語があるのではないでしょうか。その言語はそれ自身また別の構造をもち、そうしてこの言語の階層は果てしなく繰り返されてよいでしょう。もちろんウィトゲンシュタイン氏は、階層を設けたところで、そうした階層をなす諸言語の総体に対して彼の議論がそのままあてはまることになる、と答えるでしょう。それに対しては、言語の階層にはそのような総体など存在しない、と答えるしかありません。ウィトゲンシュタイン氏は総体なるものについて、それらを論理的に語ることは不可能と主張しますが、それでも、総体なるものが存在すると考えているわけです。それはまた彼の神秘主義の主題ともなります。しかし、われわれの階層によって与えられる総体というのは、論理的に表現不可能であるだけではなく、虚構、たんなる幻影にすぎません。そのことを認めれば、神秘的な領域などなくもがなの想定となるでしょう。私が述べたこの仮説は、たいへん苦しいものですし、ただちには応じることのできないいくつかの反論も予想されます。しかし、ウィトゲンシュタイン氏の結論を回避しうる、もっと平坦な道が他にあるとも思えないのです。ともあれ、かりに私の示した険しい道で首尾よく行けたとしても、そしてそれによって彼自身としてはもっとも強調したかったであろう部分が傷ついてしまうかもしれないとしても、なおウィトゲンシュタイン氏の理論の大半はそのまま残されるでしょう。私は、論理学の難問に長年関わり、また理論というものにはどうしようもない落とし穴が潜んでいることを見てきた者として、たんに私に誤りが見出せないという理由で、その理論の正しさを確信するわけにはいかないことを承知しています。にもかかわらず、いかなる点でも明白な誤りを見出せない論理学説の構築は、並はずれて困難な偉業の達成にほかなりません。私の考えでは、ウィトゲンシュタイン氏による本書はまさにその賞賛に値するものであり、それゆえに、思慮ある哲学者であればけっして無視しえないものとなっているのです。

一九二二年五月

バートランド・ラッセル

訳　注

論理哲学論考

（1）David H. Pinsent (1891-1918) ——ウィトゲンシュタインの親友。ピンセントの死と『論理哲学論考』の完成は時期的にほぼ重なっている。
（2）Ferdinand Kürnberger (1821-1879) ——オーストリアのジャーナリスト、作家。
（3）Gottlob Frege (1848-1925) ——ドイツの哲学者、論理学者。現代論理学を開拓し、現代哲学において言語哲学を中心に位置づける、いわゆる「言語論的転回」の扉を開いた。その扉から歩み出てきたのが、本書『論理哲学論考』である。
（4）Bertrand Russell (1872-1970) ——イギリスの哲学者、論理学者。ウィトゲンシュタインとラッセルの出会いは、一九一一年秋のこと。ウィトゲンシュタインは、まずベルリンの工科大学で航空工学を学び、やがて数学の基礎へと関心を移していく。そうして、ケンブリッジ大学のラッセルのもとで論理学を学び始めた。ラッセルが現代論理学の金字塔とも称される『プリンキピア・マテマティカ』(*Principia Mathematica*, 1910-1913) 全三巻のうち第一巻をホワイトヘッドとの共著で出版した翌年のことである。

(5) **論理空間**――一般に、ウィトゲンシュタインは可能性の総体を「空間」と呼ぶ。物体がとりうる可能な位置の総体が三次元のいわゆる「空間」であるように、あることがらが現実に起こりうるかどうか、その論理的な可能性の総体が「論理空間」である。しかし、その内実をさらに詳しく検討するためには、三・四以下をまたねばならない。(論理空間のより踏み込んだ説明は『論理哲学論考』訳注(27)参照。)

(6) **事実/事態**――「事実」と「事態」を区別するポイントは二つある。ひとつは、事実が現実に起こっていることがらであるのに対して、事態は起こりうることがらであり、必ずしも現実に起こっているものに限らない、という点である。大づかみには、この点(事態――可能性、事実――現実性)を押さえておけば『論理哲学論考』を読むには支障はない。しかし、ウィトゲンシュタインが考慮していると思われる区別のポイントがもうひとつある。事態は二・〇一で言われるように諸対象の結合であるが、事実は成立している事態を複数集めたものでもよいという点である(事態――要素性、事実――複合性)。この二つのポイントを厳格にあてはめると、たとえば「樋口一葉と石川啄木はつれだって世界一周旅行をした」などは現実のことではなく、論理的可能性にとどまるため、事実ではないが、二人の世界一周というのはさまざまな事態からなるだろうという意味では、事態でもないことになる。あるいはまた、別の言い方をするならば、事実とは私が世界において現実に出会っている所与であり、分析の出発点となるものであるが、事態とは『論理哲学論考』が行なうような分析の結果として要請されるものにほかならない。

(7) **対象**――「対象」もまた、「事態」と同様、分析の結果として要請されるものにほかならない。とりあえずは事実を構成する個々のもの(樋口一葉、石川啄木、エッフェル塔、等々)をイメージして読むことが許されるが、『論理哲学論考』において「対象」が何を意味しているのかを正確に読みとるには、『論理哲学論考』が行なおうとしている分析がどのようなものであるのかを捉えねばならない。そこで、さらに踏み込んで考えるならば、次の二点が問題になる。第一に、〈樋口一葉〉等は厳密に言えば対象ではなく、対象の複合とされるべきなのだろうかという点。第二に、対象として分析されてくるものには、性質や関係も含められるのではないかという点である。ウィトゲンシュタインは対象の具体例を与えておらず、とくに性質や関係も対象なのかどうかという第二の点に関しては、解釈は分かれる。

なお、「諸対象」という語の後の括弧内に「もの」とあるが、原書では 'Sachen' と 'Dingen' の二語である。英訳では一語で 'things' と訳されており、それにならってたんに「もの」と訳した。

(8) **外的性質/内的性質**――ある対象にとってその性質をもたないことが論理的に考えられないとき、その性質はその対象にとって「内的」であると言われる(四・一二三参照)。それに対して、その性質をもつとももたないとも考えられるならば、その性質はその対象にとって「外的」である。たとえば、〈ウィトゲンシュタイン〉をひとつの対象とするならば、〈結婚したことがない〉というのは外的性質となる。他方、内的性質の例を『論理哲学論考』の枠組に完全に沿う形で提示するのは難しいが、〈数2〉をひとつの対象とすれば、〈3より小さい〉というのは、「3より小さくない2」なるものを考えることができないため、内的性質となる、といった例をイメージしておくと読む助けになるだろう。

(9) **項/座**――数学における変数とそこに代入される数をより一般化して捉えたものと考えていただきたい。変数が「座」であり、そこに代入される数が「項」である。たとえば、「f(x, y)=x+y」などは二つの座をもつ関数である。空間の場合、空間点が変数に対応し、その位置をなんらかの物体が占める。つまり、空間点が座であり、物体が項である。

(10) **論理形式**――ある対象の論理形式とは、その対象がどのような事態のうちに現れうるか、その論理的可能性の形式のことである。たとえばある対象aが赤い色をしていたとしよう。対象aにとって赤という色は外的性質であり、他の色をもつこともありえた。つまり、〈aは青い〉〈aは黄色い〉等の事態も可能である。このことを、「対象aは色という論理形式をもつ」と言う。また、対象aが論理的にはさまざまな色と結びつきうることから、対象aそれ自体は「無色」(二・〇二三二)と言われるのである。

(11) **像**――事実を描いたもの、あるいは事実を写像したもの。『論理哲学論考』は言語を像の一種として捉える。二・一から二・二二五まで像一般の特徴を見た後、続く三から三・〇五まで思考(思考もまた像の一種である)について触れ、その後、三・一から言語における像、すなわち命題についての議論に入っていく。そこで、二・一から二・二二五までの像一般についての議論は、三・一以降の命題についての議論においてより詳しく展開されることになる。

(12) **ア・プリオリ**——経験的認識に先立つということ。像は一般にそれが表している事実を観察し、その結果、真偽が知られる。「ア・プリオリに真」とは、そうした事実観察を行なう以前に真と知られるという意味である。

(13) 原語は‘Gedanke’——思考内容のことである。フレーゲの用語が意識されていると考えられる。フレーゲの著作の邦訳では、これは「思想」と訳される。しかし、日本語の「思想」という語それ自体にはたんなる思考内容以上のニュアンスが加わるため、フレーゲの用語法をある程度離れた本書の脈絡では「思考」と訳出した。

(14) フレーゲにとっては、命題は真ないし偽を指示する表現であり、真偽は対象であった。それゆえ、フレーゲの場合には命題もまた名ということになる。

(15) **名**——命題はただ名だけからなり、名以外の構成要素をもたない。これは事実が対象だけからなり、対象以外の構成要素をもたないことに対応する。そして名は対象を指示する。ここで、たとえば「a」が名であるとして、「aは赤い」という命題において「は赤い」という部分は名なのかどうかという問題が生じる。これは、先の訳注(7)で述べた、性質もまた対象なのかどうかという問題に重なる。これに対してどう答えるべきかは必ずしも明らかではないが、いずれにせよ、「赤い」という部分が命題を構成する名以外の要素であるという答えはありえない。命題の構成要素はすべて「名」と呼ばれる。

(16) **複合的なもの**――〈N夫妻〉を二人の人物からなる「複合的なもの」であるとしよう。そのとき、「N夫妻は動物園に行く」は、おおざっぱに述べて、「ある人物xとyが一緒に動物園に行き、かつ、xとyの組がN夫妻である」のように分析されることになる。このように複合的なものは記述によって与えられる。もし複合的なものが存在しなかったとするならば、たとえばいまの場合、N夫妻なる組が存在しなかったとするならば、それはつまり「ある人物xとyの組がN夫妻である」が偽ということである。他方、「ミューは動物園に行く」と言われて、「ミュー」という名の対象が世界に存在しなかったとするならば、この文は偽ではなく、ナンセンスとなる。ここに、「単純なもの(対象)」と「複合的なもの」の決定的な違いがある。

(17) **一般性**――「すべての猫はあくびをする」のような命題(全称命題)および「いびきをかく猫がいる」のような命題(存在命題)を合わせて、一般命題と呼ぶ。特定の猫について語っているのではないという点で、どちらにも一般性が含まれている。

(18) **原型**――たとえば「すべての猫はあくびをする」は、特定の猫に言及しているのではなく、「猫であるようなx」を取り出すものである。この「猫であるような――」が、ここで原型と呼ばれるものであると思われる。

(19) **意味/指示対象**――ここでウィトゲンシュタインは、かなり濃厚にフレーゲを意識している。フレーゲは「意味」と呼ばれることがらに二つの側面を区別する。ひとつの側面はその表現の指示対象であり、この側面の意味は'Bedeutung'と呼ばれる。もうひとつの側面はその指示対象を規定する仕方・把握する仕方であり、この側面の意味は'Sinn'と呼ばれる。フレーゲは語や句のレベルでも、命題のレベルでも、意味をこの二つの側面に二重化する。すなわち、固有名のBedeutungはそれが指示する対象、Sinnはその対象を規定する仕方であり、命題のBedeutungはその命題の真偽、Sinnはその命題が真ないし偽と規定される仕方である(『論理哲学論考』訳注(102)参照)。しかし、『論理哲学論考』では一つの表現にこうした二つの側面を見てとることはしない。名はBedeutungをもつがSinnはもたず、命題はSinnをもつがBedeutungはもたないとされる。

そこで訳語について述べておきたい。フレーゲの言語哲学を論じる脈絡では、'Bedeutung'を「意味」、'Sinn'を「意義」と訳すことがほぼ定訳となっている。しかし、いま述べたように、ウィトゲンシュタインはフレーゲのように「意味」を二重化しはしない。「命題の意味」と言えばSinnであり、「名の意味」と言えばBedeutungなのである。そこで、'Sinn'も'Bedeutung'も等しく「意味」をその基本的訳語とした。そして'Bedeutung'に対しては、「指示対象」と訳す方が明確になる場合には、そのように訳した。さらに、三・三のように両者のコントラストを強くしたいときには、'Sinn'を「意味内容」と訳した。

(20)　**定項／変項**――数学における定数と変数に対応する。「x」に入るのは数ではなく、ここでは表現であるから、「変数」ではなく「変項」と呼ばれる。たとえば、「タマは白い」という命題において「は白い」を定項とし、「タマ」を変項とすれば、「xは白い」となり、変項xには他に「ポチ」や「富士山」等が入る。あるいは、「タマ」を定項とし、「は白い」を変項とすれば「タマx」となり、変項xには他に「はあくびをする」や「は眠る」等が入る。そして、それらを代入した結果である「富士山は白い」や「タマは眠る」は有意味な命題となる。他方、たとえば「タマx」に「は2で割り切れる」のような表現を代入すると、できあがった命題「タマは2で割り切れる」はナンセンスなものとなる。こうしたことの確認によって、名「タマ」がどのような命題を構成しうるか、すなわち「タマ」の論理形式が解明される。

(21) **概念記法**――推論の構造を明確に表現するために、言語における論理的な側面だけを純粋に取り出すことによって構築された記号言語。フレーゲは同名の著作(*Begriffsschrift*, 1879 ――邦訳『フレーゲ著作集1』藤村龍雄編、勁草書房、一九九九年)において、そのような言語を提示することにより、現代論理学の基本的な体系を完成させた。それは論理学における革命と言いうるものであった。

(22) **オッカムの格言**――オッカム(William of Ockham)は十四世紀前半のイギリスのスコラ学者。ここでオッカムの格言と言われているものは、「必要なしに多くのものを前提してはならない」という、オッカムが議論においてしばしば用いたとされる格率のことである。「オッカムの剃刀《かみそり》」とも呼ばれる。

(23) **ラッセルのパラドクス/タイプ理論**――一九〇二年、ラッセルはフレーゲに宛てた手紙においてひとつのパラドクスを提示し、それがフレーゲのみならず、論理学、さらには数学をも巻き込む大問題となった。まずそのパラドクスを手短に紹介しよう。wを「……は自分自身に述語づけられない述語である」という述語であるとする。あるいは、集合を用いた表現では、「自分自身を要素としてもたない集合の集合」として集合Mが導入される。かなり不自然に作られた述語であり、集合であるが、フレーゲの体系や当時の集合論はこうした述語や集合を拒否するものではなかった。しかし、このような述語w、ないし集合Mは矛盾を導くことが簡単に示されてしまう。このことは、フレーゲの体系や当時の集合論が矛盾を含んでいることを意味している。これが、ラッセルのパラドクスである。

そして、このパラドクス解決のためにラッセル自身が提案したのがタイプ理論である。ここではタイプという考え方だけを説明しよう。述語wには「自分自身に述語づける」という、いわゆる自己言及が含まれている。そこでラッセルは、自己言及を禁止するため次のようにタイプの区別を設けるのである。〈タマ〉〈樋口一葉〉〈エッフェル塔〉といった個体をタイプ0とする。タイプ0の個体がもつ性質〈白い〉〈わがまま〉等をタイプ1とする。さらに、タイプ1の性質がもつ性質をタイプ2とする。たとえば、〈ひとに嫌われる性格〉などはタイプ1の性質〈わがまま〉がもつ性質であると考えれば、タイプ2の性質とされる。同様に、タイプ2の性質がもつ性質はタイプ3とされ、以下同様に続く。このようにタイプの区別を導入した上で、「すべての性質は自分よりタイプの低いものの性質でなければならない」という規則を設ける。ラッセルのパラドクスに見られたような自己言及は、自分自身が自分自身のもつ性質となるため、この規則に反するものとなる。こうして、自己言及が禁止され、ラッセルのパラドクスは生じないように手当てされたことになる。

(24)「(∃φ):F(φu). φu=Fu」をふつうの言葉を用いて書くとすれば、こうなる――「F(φu)、かつφu=Fuであるような、φが存在する」。各記号の意味については、訳注補遺「論理記号の意味について」を参照されたい。

このように書くことによって、F(Fu)における外側のFが本来F(φu)という形式であることが明らかとなり、その結果F(Fu)における外側のFと内側のFの論理形式が異なるものであることが示される。

(25) **真理関数**――真偽を入力して真偽を値として出力する関数を「真理関数」と呼ぶ。たとえば、否定命題「pではない」は、pに真な命題を入れれば偽となり、pに偽な命題を入れれば真となるから、ひとつの真理関数とみなせる。あるいは、「pまたはq」はpかqの少なくともどちらかに真な命題を入力したときに真となり、pとqの両方に偽な命題を入力すれば偽となるから、これもまた別の真理関数とみなせる。

しかし、日常言語の「ではない」や「または」は必ずしもそのような真理関数的な意味に限定されない多様な意味をもつため、あくまでも真理関数としての意味だけを取り出すときには、新しい記号を導入することになる。たとえば、「pではない」がもつ真理関数としての意味を取り出すときには「～p」と書き、「pまたはq」がもつ真理関数としての意味を取り出すときには「p∨q」と書く。他にも、「pかつq」に対応する真理関数は「p.q」と書かれ、「pならばq」に対応する真理関数は「p⊃q」と書かれる。(これらの基本的な真理関数については訳注補遺「論理記号の意味について」でまとめておいた。)

さらに注意を与えておけば、『論理哲学論考』は真理関数をその正確な意味において「関数」であるとはみなしていない。フレーゲは真偽という対象を考え、真偽から真偽への関数を考えたが、それはウィトゲンシュタインのとる考え方ではないのである。むしろ『論理哲学論考』では否定および「または」や「かつ」等による命題の接続を「操作」とみなし、操作と関数を峻別する。(操作に関する議論は五・二一―五・五一において為されている。)それゆえ、『論理哲学論考』においては、「真理関数」という用語は真偽を入力して真偽を値として出力する関数を意味するというよりは、命題を否定したり、命題と命題を「かつ」「または」「ならば」等で接続したりして作られる複合的な命題ないしその形式を意味すると考えた方がよい。

(26)「～p」と「p∨q」を用いれば、すべての真理関数を表すことができる。たとえば、「pかつq」に対応する真理関数「p.q」は「～(～p∨～q)」と同じである。同様のことは他の真理関数を基本にした場合にも言え、たとえば、「～p」と「p.q」を用いてもすべての真理関数を表現することができる。

(27)**論理空間**――きわめて単純なモデルで論理空間の例を構成してみよう。その世界には二つの灯りaとbしか存在せず、可能な事態は〈aは点灯している〉と〈bは点灯している〉の二つだけであるとする。そのとき、事態の成立・不成立に関して四通りの可能性が生じる。その四通りの場合をw_1、w_2、w_3、w_4と記すならば、論理空間は次のようになる。

w_1……ϕ
w_2……aは点灯している
w_3……bは点灯している
w_4……aは点灯している、bは点灯している

w_1はどちらの事態も成立していない場合であり、「ϕ」と記したのは成立している事態が何も存在しないという意味である。w_2は〈aは点灯している〉という事態だけが成立している場合、w_3は〈bは点灯している〉という事態だけが成立している場合、そしてw_4は二つの事態がどちらも成立している場合である。

そこでたとえば命題「aは点灯している」は、これらの四通りの可能性のうち、現実世界が︷w_2、w_4︸のいずれかであるときに真となる。あるいはその否定命題「aは点灯していない」は、現実世界が︷w_1、w_3︸のいずれかであるときに真となる。このように、命題はそれを真とするような可能性を論理空間の中に一つの領域として規定することになる。これが、「命題は論理空間の中に一つの領域を規定する」ということの意味である。

(28)　**論理和／論理積**——「pまたはq」に対応する真理関数「p∨q」をpとqの「論理和」、

「pかつq」に対応する真理関数「p.q」をpとqの「論理積」と言う。

(29)『オグデンへの手紙』(*Letters to C. K. Ogden*, 1973)に基づいて多少訳しこんだ。「……論理的足場は論理空間を決定する」と訳したくなるところであるが、ウィトゲンシュタインは'determine'という訳語に異を唱え、'reach through'を提案している。実際、論理だけでは論理空間は「決定」されない。また、これに関してウィトゲンシュタインは、一軒の家を取り巻いて巨大な足場が組まれ、その足場が全宇宙に及んでいるのを想像してみてもよい、と述べている。

(30) Fritz Mauthner (1849-1923) ——ドイツの作家、哲学者。『言語批判論』(*Beiträge zu einer Kritik der Sprache*, 1901-1902)という著作がある。

(31) とくにラッセルの記述理論のことが言われていると考えられる。

(32)『グリム童話集』の「黄金の子ども」という話(『グリム童話集』第三冊、金田鬼一訳、岩波文庫、一九七九年)。

(33) **語る／示す**——命題は世界のあり方について「かくかくである」と語っている。たとえば、「タマは白い」「タマは寝ている」等々。すなわち、命題において、現実と比較されることによって真偽が言われるもの、それが命題の語っていることがらである。他方、命題がそのように世界について語るために、命題と世界は論理形式を共有していなければならない。しかしそれらの論理形式を、命題は語ることはできない。なぜならば、論理形式を語るということは論理空間全体を語ることに通じるからである。そして論理空間全体を語ろうとしたならば、われわれはその論理空間の外に立たねばならない。だが、それは不可能である。とすれば、論理空間を語ることも、論理形式を語ることもできないのである。しかし、他方、さまざまな命題を実際に用いて何ごとかを語ることにおいて、われわれはその命題が世界と共有している論理形式を理解することができる。こうして語りえないものを理解するとき、ウィトゲンシュタインはそれを「示される」と言う。命題はそれが世界と共有する論理形式を示し、その論理形式によって張られる論理空間を示すのである。

ここではとくに論理に関して「語る」と「示す」の区別が論じられているが、さらにウィトゲンシュタインは、後の節において語られえず示されうるものとして、自我および倫理を論じる。それらが語られえず示されうるとされる理由も、基本的にはそれらが論理空間の全体に関わるからである。

(34) 活人画とは、何人かの扮装した人が人形のようにあるポーズをとり、名画や歴史的場面などを再現したもののことである。

(35) **論理定項**——否定に対応する真理関数「～p」、「pまたはq」に対応する真理関数「p∨q」、「pかつq」に対応する真理関数「p.q」、「pならばq」に対応する真理関数「p⊃q」等、これらにおける「～」「∨」「・」「⊃」等を論理定項と呼ぶ。

(36) Heinrich Rudolph Hertz (1857-1894)——ドイツの物理学者。ここでウィトゲンシュタインが言及している著書は、『力学原理』(*Die Prinzipien der Mechanik*, 1894)。

(37)「(x)」は「全称記号」と呼ばれるものであり、「(x). fx」は「すべてのxに対して、xはfである」(あるいは「すべてはfである」)と読める(訳注補遺「論理記号の意味について」参照)。

(38) この書き方だと、たとえば、「(x). fx. ⊃. (x). gx」(「すべてがfであるならば、すべてはgである」)と「(x) : fx. ⊃. gx」(「すべては(fならばg)である」)などが区別できなくなる。

(39) この書き方だと、たとえば、「(x, y) : f(x, y). ⊃. f(x, y)」(「すべてのx、yに対して、f(x, y)ならばf(x, y)」)と「(x, y) : f(x, y). ⊃. f(y, x)」(「すべてのx、yに対して、f(x, y)ならばf(y, x)」)などが区別できなくなる。

(40) 色つきのめがねをかけると世界はその色を帯びて見えるが、しかしその色は対象のもつ色ではない。同様に、「空間」は世界そのものの構造ではなく、われわれの認識の構造であり、「空間めがね」をかけて世界を見るから、世界は三次元的に現れるのだ。——おおむねこのような考えがここで批判されているものだろうと思われる。

(41)「平面上の一つの点を指示する」というのは、たんに白ないし黒の点を指示したにとどまり、そこではまだ、「その点は白い」とか「その点は黒い」といった判断は為されていない。このような、判断と判断以前の仮定を区別するという見解として、ウィトゲンシュタインはフレーゲを考えている。

(42)「aRb」は「aはbに対して関係Rにある」と読まれる。そこでいま、たとえば「aRb」を「aはbの親である」という関係であるとしてみよう。そのとき、「(∃x) : aRx. xRb」は、「a

はxの親であり、xはbの親である、そのようなxが存在する」となる。つまり、bはaの孫である。また「(∃x, y) : aRx. xRy. yRb」は、「aはxの親であり、xはyの親であり、yはbの親である、そのようなxとyが存在する」となる。つまり、bはaのひ孫である。この例では、「後続者」とは「子孫」ということに等しいものとなる。

(43) 「狭義の概念」とは、〈猫〉や〈偶数〉といった、いわゆるふつうに「概念」と呼ばれるもののことであり、それらは「xは猫である」や「xは偶数である」といった関数で表すことができる。他方、〈対象〉や〈数〉のような形式的概念は「xは対象である」や「xは数である」のように関数として表すことはできない。

(44) $\aleph_0$——ヘブライ文字アレフに添え字0を付けたこの記号は、自然数レベルの無限を表すものとして使用される。

(45) フレーゲとラッセルは数を「集合の集合」として定義した。この点はフレーゲとラッセルの「論理主義」と呼ばれる立場(数学を論理学に還元する立場)の根幹に関わることであり、また、ラッセルのパラドクスが発生した地点でもある。

(46) **要素命題**——否定「〜」、論理和「∨」、論理積「.」、あるいは「(x)」や「(∃x)」といった論理記号をいっさい含まない形で、名の配列として表しうる命題を「要素命題」と呼ぶ。要素命題を否定したり、論理定項で接続したりすることによって、複合的な命題が作られる。

(47) n個の事態のうち、ν個の事態が真になる場合の数は、n個からν個を取り出す取り出し方の数に等しく、$\binom{n}{\nu}$と書かれる。n個の事態の成立・不成立の組合せの数は、真になる事態の数νが0からnまでの場合の総和であるから、$\binom{n}{\nu}$をνが0の場合からnの場合まで足したものとなり、$\sum_{\nu=0}^{n}\binom{n}{\nu}$と書かれる。$\sum_{\nu=0}^{n}\binom{n}{\nu}=2^n$である。たとえば四・三一の表において、右から順にnが1、2、3の場合であり、それぞれ事態の成立・不成立の組合せは$2^1=2$, $2^2=4$, $2^3=8$となっている。これが各表の行数となる。

(48)　K_nはn個の事態の成立・不成立の組合せの数(それはまたn個の要素命題の真偽の組合せの数に等しい)である。命題は、ある事態の成立・不成立の組合せのもとで真偽が定まる。そこで、事態の成立・不成立に関するK_n個の組合せの各々に命題の真偽を対応させる仕方を考えれば、K_nを計算したときと同様にして、$\sum_{\kappa=0}^{K_n}\binom{K_n}{\kappa}$となる。$K_n=2^n$であるから、$L_n=2^{2^n}$となる。

(49)　**真理条件**——命題を真にするような事態の成立・不成立の組合せの全体を、その命題の真理条件と言う。たとえば「~p」(「pではない」)の真理条件は「pが偽」であり、「p.q」(「pかつq」)の真理条件は「pもqも真」である。

(50)　フレーゲの『概念記法』では、水平線と垂直線が次のように導入される。Aを「タマがあくびをした」としよう。そのとき、「——A」は「タマがあくびをしたこと」に対応し、その命題の内容を表す。これに垂直線を加え「├—A」とすると、これは「タマがあくびをした」という判断を表すようになる。内容提示のレベルでは、それが事実であるかどうかは考慮されていないが、判断として立てられることにより、その内容が事実であることが言い立てられることになる。

水平線はまた「内容線」とも呼ばれ、垂直線は「判断線」とも呼ばれる。

(51) この表全体がひとつの命題を表現しており、その命題は、pもqも真の場合(一行目)か、pが偽でqが真の場合(二行目)か、pもqも偽の場合(四行目)に、真になり、pが真でqが偽の場合(三行目)には偽になるような命題である。

(52) 『論理哲学論考』訳注(50)参照。

(53) **トートロジー/矛盾**——たとえば「p∨~p」(「pまたはpではない」)はpが真であっても偽であっても必ず真となる。入力がなんであれつねに真を出力する真理関数を「恒真関数」と言うが、恒真関数を表す「p∨~p」のような命題を「トートロジー」と呼ぶ。また、たとえば「p.~p」(「pかつpではない」)はpが真であっても偽であっても必ず偽となる。入力がなんであれつねに偽を出力する真理関数を「恒偽関数」と言うが、恒偽関数を表す「p.~p」のような命題を「矛盾」と呼ぶ。

(54) **無意味/ナンセンス**——いままでとくに断りなく「ナンセンス」という用語を用いてきたが、ここで「無意味(sinnlos)」と「ナンセンス(unsinnig)」を区別しなければならない。たとえば「タマは2で割り切れる」や「白さがポチにあくびをした」のような論理形式に違反した記号列は、ナンセンスと言われる。他方、トートロジーも矛盾も論理形式に違反した記号列ではない。とはいえ、トートロジーも矛盾も世界について何ごとかを語るものではない。そこで、ナンセンスではないが、無意味、と言われるのである。

(55) **基数**——「一つ、二つ、三つ、……」と個数を数えるときの数を無限集合にまで適用しうるよう拡張した概念が「基数」である。さしあたりは自然数のことをイメージしておけばよい。

(56) **p|q**——「シェファーの棒記号」と呼ばれる。「pでもqでもない」に対応する真理関数を意味する。「p|p」は「pではなく、かつpではない」であるから、たんに「pではない」(~p)に等しい。さらにそのことを用いれば、「p|q.|.p|q」は「p|qではない」に等しいことが分かり、これは「pでもqでもない」の否定であるから、「pまたはq」(p∨q)に等しい。このようにして、すべての真理関数はシェファーの棒記号を用いて表せることが知られている。

ウィトゲンシュタインはここで、シェファーの棒記号を用いれば、命題間の内的関係は明らかになると述べている。これは、後に論じられるように、ウィトゲンシュタインが論理定項を命題の真理根拠の領域に対する操作として考えていることと関係する。シェファーの棒記号だけで表されることにより、複合的な命題の構成が単一の操作の反復として捉えられるようになる。命題間の内的関係が明らかになるというのも、それゆえであると思われる。

(57) 原文をすなおに訳せば「因果連鎖を信じることは迷信である」となるが、『オグデンへの手紙』においてウィトゲンシュタインはそのような訳を誤りとしている。「私は、因果連鎖を信じることが迷信のひとつとしてある、と言いたいのではありません。迷信とはまさに因果連鎖を信じることにほかならない、と言いたいのです。」訳文では、このウィトゲンシュタインの意図を反映させるようにした。

(58) たいへん分かりにくい箇所だが、矛盾は無意味であるという点を無視してあえて不用意な言い方をした方が、ウィトゲンシュタインの考えていたことがうまく伝わるだろう。ふつうの論理積「p. q」がpの意味を含んでいるように、矛盾「p. ～p」もpの意味を含んでいる。また、矛盾は「q. ～q」等々でもあるから、矛盾はq等々の意味も含んでいる。とすれば、矛盾はすべての命題の意味を含んでいることになるのである。(「だがなんてことだ！ それなら矛盾こそもっとも多くを語る命題ではないのか。」*Notebooks 1914-1916*〔邦訳『ウィトゲンシュタイン全集1』、『草稿一九一四—一九一六』奥雅博訳、大修館書店、一九七五年〕、一九一五年六月三日)これが、「矛盾が諸命題と共有するもの」と言われているものにほかならない。それは、どれほど多くを語る命題でも及ばないものである。かくして、「矛盾が諸命題と共有するものは、どんな命題も他の命題と共有していないものである」と言われる。他方、トートロジーは意味ゼロであるから、互いに共有するものをもたない二つの命題であっても、意味ゼロは共有すると言える。かくして、「トートロジーは、互いに共有するものをもたないすべての命題に共有される」と言われる。

(59) 理解のために、簡単なモデルを与えてみよう。二枚の硬貨aとbについて、表が出るという事態をそれぞれ考える。そのとき、論理空間は次のようなものとなる。(ϕは〈a—表〉という事態も〈b—表〉という事態も成立していないことを意味する。また、ここでは〈a—裏〉や〈b—裏〉という事態を考えてはいけない。〈a—表〉と〈a—裏〉は相互独立でないからである。)

W_1……ϕ
W_2……a—表
W_3……b—表
W_4……a—表、b—表

ここで、「aかbの少なくともどちらかは表である」(命題r)という情報が与えられたとする。そのとき、この情報が真であるという条件のもとで、「bは表ではない」(命題s)が成立する確率「$W_{rs} : W_r$」を求めてみよう。命題rの真理根拠の数W_rは3(W_2、W_3、W_4)であり、命題sの真理根拠のうち命題rの真理根拠でもあるものの数W_{rs}は1(W_2)である。それゆえ、「rのもとでsが成立する確率」は$1/3$となる。これは、ふつうの確率論で言われる「条件つき確率」にほかならない。注目すべきは、ウィトゲンシュタインが条件つき確率を確率の基本的意味としている点である。

(60)　ここに、条件つき確率を確率の基本的意味と考える理由が示される。ウィトゲンシュタインは単独の命題に対して確率を与えることはできないと考える。単独の命題は真か偽のいずれかであり、$1/2$や$1/3$という値は意味をもたない。確率はあくまでも命題間の関係として与えられるのである。そこでたとえば、命題rを「p.q」とし、命題sを「p」とすると、rのもとでsである確率は1となり、このことはrからsが帰結することを示している。あるいはまた、命題rに対して命題sが「~r」であるとすると、rとsは矛盾し、rのもとでsである確率は0となる。この二つの場合を両方の極として、命題間の関係に0から1の間の数値が与えられる。これがウィトゲンシュタインの考える確率の意味である。

(61) たとえば五・一五四の事例で言うならば、そこではただ白い玉と黒い玉だけに注目し、玉の大きさや壺の形は無視している。あるいはまた、玉が壊れたり、増えたり、色が変化したりするようなことはない、といったことも前提にされる。これは、与えられた論理空間の中に、ある観点から限定された部分空間(確率論で言う「標本空間」)を設定していることにほかならない。論理空間およびそこにおける命題間の真理根拠の関係はア・プリオリに定まるが、壺の中の玉を取り出すといった具体的なことがらに対してどのような部分空間(標本空間)を設定すべきかは、ア・プリオリに決まることではなく、五・一五四で示されたような実験を必要とする。確率命題は、あくまでもそのような経験的性格をもつ部分空間の設定において意味をもつものであり、「諸命題の抜粋」とウィトゲンシュタインが言うのも、そこに理由があると考えられる。

(62) **操作と基底**――身近な例を挙げるならば、何かを「裏返す」とき、裏返すことは操作であり、裏返される対象が操作の基底と呼ばれるものである。あるいは、0から始めて順に「1を足す」というやり方で自然数を構成するとき、1を足すことは操作であり、0はその操作の最初の基底である。五・二三四で言われるように、真理関数を作る否定、論理和、論理積等もまた、操作として捉えられる。

(63) **真理操作**――否定は「pの真理根拠の領域の外側を取り出す」という操作であり、論理和

「p∨q」は「pの真理根拠の領域とqの真理根拠の領域を合併させる」という操作であり、論理積「p.q」は「pの真理根拠の領域とqの真理根拠の領域の共通部分を取り出す」という操作である。

(64) **原始記号**――フレーゲの『概念記法』では条件法「⊃」と否定「〜」が原始記号として導入され、他の論理和「∨」や論理積「.」はそこから派生的に定義される。ラッセルの『プリンキピア・マテマティカ』においては否定「〜」と論理和「∨」が原始記号として導入され、他の論理積「.」や条件法「⊃」はそこから派生的に定義される。

(65) 「〜(∃x).〜fx」は「fではないものは存在しない」に対応し、「(x).fx」(「すべてはfである」)に等しいものとなる。「(∃x).fx.x=a」は「性質fをもち、かつaに等しいようなものが存在する」に対応し、「fa」(「aはfである」)に等しいものとなる。

(66) *Grundgesetze der Arithmetik* (I, 1893; II, 1903)――邦訳『フレーゲ著作集3』野本和幸編、勁草書房、二〇〇〇年。その第三十三節でフレーゲは、「同一のものがけっして二重に定義されることは許されない。なぜなら、その場合にはこれらの定義が互いに一致するのかどうか疑わしいからである」と述べている。

(67) オランダの医学者ブールハーフェ(Hermann Boerhaave, 1668-1738)の『診断治療箴言』(*Aphorismi de cognoscendis et curandis morbis*, 1709)に見られる言葉。

(68) 『算術の基本法則』I、第二十八節。

(69) たとえば、$(-----\text{真})(\bar{\xi}, \ldots\ldots)$という操作を三つの要素命題p、q、rに一回施すとすれば、その結果となる命題はp、q、rがすべて偽のときに真になる命題、すなわち「~p. ~q. ~r」である。これはシェファーの棒記号(『論理哲学論考』訳注(56)参照)を三つ以上の変項に対して拡張したものにほかならない。

(70) 関数fxの値の全体をξの値としてとるとき、$N(\bar{\xi})$はfxの形式をもつすべての命題に対する否定となり、それは「fであるものは存在しない」(~(∃x). fx)に等しい。

(71) 「(x). fx」(すべてのものはfである)や「(∃x). fx」(fであるものが存在する)を「一般命題」と呼び、そうした命題における「すべて」や「存在する」という要素が「一般性」と呼ばれる(『論理哲学論考』訳注(17)参照)。

(72) 『オグデンへの手紙』(五・五二三)に従って、三・二四では「表記」とした'Allgemeinheits-bezeichnung'の訳を、ここでは「表現」とした。

(73) たとえば「(x). fx」において、論理的原型とは「fx」のことであり、そこにおいて定項となるものとは、「f」の部分のことであると思われる。「すべてはfである」のような形で、fに注目することになる。

(74) 名が対象を指示するように、一般命題において一般性の表現の部分がもつ役割は、対象の集まりを表すことにある。また、『オグデンへの手紙』に従って「一つの」を挿入しておいた。

(75) **完全に一般化された命題**——たとえば「(∃x, φ). φx」(φxであるようなxとφが存在する)

のようなもの。そこには名が含まれておらず、その意味で「完全に一般化された」と言われる。ここで、たとえば「(∃x, φ). φx」が「主語‐述語形式で記述されるものが存在する」のような意味として理解され、それゆえ世界の形式を記述したものであるかのように受け取られる危険がある。(『草稿一九一四―一九一六』で「ここに私の誤りがあるに違いない」(一九一四年十一月一日)と言われているのは、まさにこのことであろう。) だが、『論理哲学論考』の考えに従えば、形式を記述することはできない。そこで、「(∃x, φ). φx」が形式の記述ではなく、ふつうの命題と同様の世界記述であることの確認が必要となる。これが、ここでウィトゲンシュタインが問題にしていることであると思われる。

(76) ラッセルは、「識別不可能なものは同一である」という原理に基づいて同一性を定義する。すなわち、「xがyと同一であるとは、xのもっているすべての性質をyももっていることである」と定義される。

(77) 「(x):fx⊃x=a」(すべてのxに対して、fxならばx=a)は、五・五三〇一で指摘されたように、「ただaだけがfである」に等しい。これを等号を用いずに、異なる対象を表す名には異なる記号を用いることで表現すると、「(∃x). fx.⊃. fa:~(∃x, y). fx. fy」のようになる。これは、「fであるものが存在するならばfaであり、かつ、fである二つの異なるものは存在しない」に対応する。また、「ただ一つのものがfを満足する」は、「(∃x). fx:~(∃x, y). fx. fy」となる。すなわち、「fであるものが存在し、かつ、fである二つの異なるものは存在しない」というわけである。

(78) **無限公理**——無限個の対象を要素としてもつ集合、すなわち無限集合の存在を保証するために設けられた公理のこと。これに関して、『草稿一九一四—一九一六』では、「「無限公理」にまつわるあらゆる問題は、「(ヨx) x=x」という命題においてすでに解決されていなければならない！」(一九一四年十月九日)と述べられている。ここで、「(ヨx) x=x」は「対象が存在する」ということを表現しようとしたものである。というのも、自己同一性「x=x」は対象であるかぎり満たしているはずの性質とみなされるからである。しかし、ウィトゲンシュタインは等号を用いたこのような言い方を疑似命題として却下する。こうして、同一性を語ることに対するウィトゲンシュタインの批判は、対象の存在を語ることに対する批判へとつながることになる。そして、無限個の対象の存在を語ろうとする無限公理もまた、この観点から批判される。

(79) 「あらゆる命題は自分自身を帰結し、命題でないものは何ものも帰結しない。したがって、「pは命題である」と言うことは、「pはpを帰結する」と言うことに等しい。そしてこの同等性は、命題を定義するために用いることができるだろう。」(Russell, *The Principles of Mathematics*, 1903, p. 15)

(80) たとえば「ニンジンを食べると病気になると彼女は信じている」という命題の真偽は、その構成要素である命題「ニンジンを食べると病気になる」の真偽と連動しない。「ニンジンを食べると病気になる」が偽であろうと、彼女が実際にそう信じているのであれば、「ニンジンを食べると病気になると彼女は信じている」という命題は真になるからである。このように、一般に「Aはpと信じている」という命題の真偽は、その構成要素である命題pの真偽と独立であり、その意味で、命題「Aはpと信じている」は命題pの真理関数にはなっていない。これは、五・五四で表明された『論理哲学論考』の基本構図に背く例であるように思われる。また、この問題は、たんに『論理哲学論考』に対する反例に思われるというにとどまらず、フレーゲにとってもラッセルにとっても、さらには現在でもなお、大きな問題となっている。

(81) George Edward Moore (1873-1958)――イギリスの哲学者、倫理学者。二十世紀初めにイギリスの哲学界を支配していたヘーゲル学派の観念論を批判し、ラッセルとともにケンブリッジの(ひいてはイギリスの)哲学風土を変えた人物。

(82) 「Aはpと信じている」は、主体Aと命題pがなんらかの関係にあることではない。思考主体や信念主体なるものは、世界の中の一対象ではない。ウィトゲンシュタインはそう考えている。われわれが何かを考えたり信じたりできるのは、われわれがなんらかの記号を配列し、それが他の事実の像になりえているからにほかならない。すなわち、像「p」がpという事実を語っているという意味論的関係こそが、思考や信念の中核を成すというのである。

(83) ここでウィトゲンシュタインが批判している「ラッセルの理論」では、命題pの有意味性は、判断主体が命題pの構成要素(対象、あるいは性質および関係)を認識していることに基づけられている(直知の理論および判断の多項関係説)。他方、『論理哲学論考』におけるウィトゲンシュタインの考えでは、信念は意味論的関係に基づいている(『論理哲学論考』訳注(82)参照)。図式的に言えば、両者は認識論と意味論の関係について正反対の立場にある。すなわち、ラッセルは意味論を認識論に基づけようとしたのである。それに対するウィトゲンシュタインの批判のポイントは、命題の有意味性はア・プリオリなことがらであり、ラッセルのように考えてしまうと、それが経験的・偶然的なことがらに基づけられてしまうことになる、という点にある。『論理哲学論考』では、この批判はこの箇所できわめてさりげなく書かれてあるだけであるが、この問題を巡ってウィトゲンシュタインからラッセルへの激しい批判があり、ラッセルは執筆中であった『知識の理論』を断念せざるをえなかった。

(84) **n項関係**——たとえば「xとyは親子である」は二つの項をもつ関係であるから、二項関係と呼ばれ、「xはyとzの長男である」は三つの項をもつ関係であるから、三項関係と呼ばれる。一般にn個の項をもつ関係をn項関係と呼ぶ。

(85) 「分析されていない形式で命題を理解している」というのは、ごくふつうの日常言語の理解のあり方にほかならない。われわれはふだんとくに分析することなく、日常言語をそのまま理解している。

(86) **独我論**——なんらかの意味で自分と他者とが対比されて捉えられる場面において、他者の存在を否定し、ただ自分だけが存在すると主張する立場を「独我論」と呼ぶ。どのような自他の対比を拒否しているのかに応じていくつかのヴァリエーションがあることになる。典型的な独我論は、すべてを私の意識への現れとして捉え、他の意識主体たる他者を、私の意識のうちへは現れえないという理由で拒否するものである(現象主義的独我論)。『論理哲学論考』の独我論はこのタイプのものではないように思われる。では、それはどのような独我論であったのか。これは『論理哲学論考』の解釈に関わる問題である。

(87)　**実在論**――唯一の明確な規定を与えることはできないが、とりあえず、実在を主観から独立にあるものとして捉える立場と述べておくことができるだろう。そのとき対比される立場は観念論であり、観念論は、そのような主観から独立の実在を否定し、主観によって把握されたかぎりでの世界、ないし主観によって構成されたかぎりでの世界だけを認める立場である。

(88)　$[\bar{p}, \bar{\xi}, N(\bar{\xi})]$――$\bar{p}$は要素命題の集合を表す。これが命題の構成の出発点である。$\bar{\xi}$はなんらかの命題の集合を表し、$N(\bar{\xi})$はそれらの命題をすべて否定し論理積「かつ」で結ぶという真理操作を表す。これによって「命題」が帰納的に規定される。すなわち、$\bar{p}$に含まれるものは命題であり、$\bar{\xi}$がすべて命題であれば、それに対して操作Nを施したものもまた命題である。もう少し具体的に言うとこうである。――まず、個々の要素命題に操作Nを施せば、要素命題の否定が得られる。次にそうして得られた要素命題とその否定からいくつかの命題を取り出し、それに対して操作Nを施す。それによってまた新たな命題が構成される。そうして得られた命題集合から再びいくつかの命題を取り出し操作Nを施す。こうして、要素命題を基底とし、操作Nをくりかえし施していくことによって、次々に新しい命題が構成されることになる。このようにして得られる命題が、「命題」と呼ばれうるもののすべてにほかならない。

(89) 数は操作の反復回数(冪)として捉えられる。これはフレーゲとラッセルが集合の集合として数を定義しようとしたことと根本的に異なる立場である。

(90) こうして自然数が帰納的に規定される。——0は自然数である。ξを自然数とすれば、ξ+1もまた自然数である。かくして、0+1すなわち1も自然数であり、1+1すなわち2も自然数であり、以下同様、際限なく自然数が構成される。

(91) **分析命題**——たとえば、「独身者は結婚していない」は「独身者」「結婚」といった言葉の意味だけから真となる。このように、言葉の意味を分析することによってその真理性が捉えられる命題を「分析命題」と呼ぶ。

(92) 対応する言葉を書いておくならば、「pならばqであり、かつpであるならば、そのとき、q」となる。

(93) 対応する言葉を書いておくならば、「すべてのものがfであるならば、aはfである」となる。

(94) 現在では表を書く方法が一般的であるが、ウィトゲンシュタインがあえて表にせずにこのような書き方をした理由は、この図式化の方が命題の真偽両極性が視覚的に明示されるからである。トートロジーや矛盾の場合には、真か偽のいずれかしかない単極的な図になる。

(95) 測定量と別に既知量を用意し、測定量と既知量がつりあう点を調べて測定量の大きさを知る測定法を、一般に零位法と呼ぶ。

(96)　ここで、論理法則とトートロジーを区別しなければならない。トートロジーは、無意味ではあるが、ナンセンスではない記号列として命題に含めることもできる。しかし、論理法則はトートロジーによって示されるものであり、いかなる意味でも命題ではない。それゆえ論理法則が再び論理法則に従うなどということはありえない。

(97)　ラッセルの「タイプ」の考え方に従えば(『論理哲学論考』訳注(23)参照)、矛盾律と呼ばれるトートロジー「〜(p.〜p)」(p かつ p ではないということはない)にも、タイプの異なりに応じて無数の命題があることになる。

(98)　**還元公理**――ラッセルのタイプ理論はラッセルのパラドクス(『論理哲学論考』訳注(23)参照)を排除するためにタイプの区別を導入したが、同時に、「嘘つきパラドクス」(「この文は偽である」のような主張は矛盾となる)のような、自己言及によって発生するもう一つの型のパラドクスをも解決すべく、タイプの区別に加えてさらにオーダー(位数)の区別を導入し、二重の階層構造をもつ「分岐タイプ理論」と呼ばれるものになっていた。しかし、オーダーの区別は、タイプで区分されたクラス(集合)をさらにオーダーに従って区分するものであり、このままでは数学を展開するのに問題がある。そこで、クラスの規定においてはオーダーの区別が実質的に効いてこないようにしてやらねばならなかった。かくして、いかなるオーダーの命題関数に対しても、それと同値な特定の命題関数が存在し、その命題関数を用いてクラスを規定してよいという趣旨の「公理」が導入された。これが、「還元公理」である。還元公理はある対象(命題関数)の存在を主張するものであり、トートロジーではありえない。

(99)『草稿一九一四―一九一六』においてウィトゲンシュタインは次のように述べている。「いわゆる原子命題と演繹規則とを与え、その規則をその命題に適用して得られたものが、証明された論理学の命題にほかならない――旧来の論理学はこのように語る。」(付録II)六・一二五において「論理についての旧来の見解」と言われるものも、このような捉え方であると思われる。

(100)「論理」も「論理学」もともに'Logik'であるから、訳者の判断で訳し分けた。他の箇所でも、訳者の判断で訳し分けている。

(101) **超越論的**――『草稿一九一四―一九一六』において、「倫理は論理と同じく世界の条件であらねばならない」(一九一六年七月二十四日)と述べられている。これが、ここで「論理は超越論的である」と言われていることに関連している。それは、たんに「経験によって把握しえない」という意味での「超越的」ではない。この世界に対して超越的でありつつも、なお、この世界がこのようであるために要請されるもの、それが「超越論的」と言われるものである。実際、論理は、それ自身を語ることはできないが、世界を語るために(そしてまた世界が語られたようであるために)不可欠なものであり、「超越論的」なのである。

(102) たとえば「明けの明星=宵の明星」という同一性の主張を考えてみる。「明けの明星」という句も「宵の明星」という句も、その指示対象は等しい(両者はともに「金星」と呼ばれるあの惑星である)。しかし、「明けの明星＝宵の明星」にはたんに「明けの明星＝明けの明星」と言うのにはない認識上の価値がある。そこでフレーゲはふつうに「意味」と呼ばれるものを、指示対象としての‘Bedeutung’と、その指示対象の与えられ方、あるいは指示対象がわれわれに把握・理解される仕方としての‘Sinn’とに二重化して捉えるのである。そして、語や句だけでなく、命題においても、‘Bedeutung’と‘Sinn’との意味の二重性を主張する。それに対して『論理哲学論考』では名はBedeutungのみをもちSinnはもたないとされ、命題は逆にSinnのみをもちBedeutungはもたないとされる(『論理哲学論考』訳注(19)参照)。フレーゲの翻訳においては‘Bedeutung’が「意味」、‘Sinn’が「意義」と訳されるのがほぼ定訳であるが、『論理哲学論考』ではフレーゲのような意味の二重化は否定されるため、これまで基本的に‘Sinn’もまた「意味」と訳してきた。しかし、六・二三二はフレーゲに言及した箇所であるから、‘Sinn’は「意義」と訳した。

(103)　以下の証明では、六・〇二で導入された諸定義も用いられる。

(104)　いくつかの対象(a_1,……,a_n)が性質fをもつことから、「すべてはfである」と推測することを考えていると思われる。そこで「有意味な命題」とされている帰納法則とは、「fa_1.….fa_n.⊃.(x).fx」というものだろう。

(105)　「すべてのできごとには原因がある」というのが、いわゆる「因果律」であるが、ここでウィトゲンシュタインが考えているのもこれであると思われる。そして彼はそれを「法則の形式」

として捉えるのであるが、それはたとえば「できごと間の法則は因果形式をもたねばならない」というようなものであるだろう。

(106) これは、直感的な言い方をすれば、「物理現象はもっとも労力のかからない形で進行する」というものである。この「労力」ということを厳格に規定するさまざまな試みがあった。「光は通過時間を最短にするように進む」というフェルマーの原理などはさまざまな最小作用の法則の原型である。そして、最小作用の形式をもった諸法則を総称したものが「最小法則」と言われているものであると思われる。

(107) これは、物質保存則やエネルギー保存則の総称であると思われる。

(108) 「理由律」は「いかなる理由もなくものごとが生じることはありえない」という原理。「自然の連続原理」は「自然は飛躍せず」という言い方で知られる原理。「自然の最小消費の原理」は「最小法則」と同様の意味で用いられていると思われる。

(109) カント(Immanuel Kant, 1724-1804)の議論の趣旨は大略次のようなものである。——空間的規定を度外視して右手と左手を観察したとする。そのとき、右手と左手はまったく同じものとなる。それゆえ、そこから右手と左手を区別するような判断を形成しようとしても、不可能である。ということは、空間は判断形式のひとつではなく、判断以前の感覚的認識を成立させるための直観形式だということである(『プロレゴメナ』〔*Prolegomena*, 1783〕第十三節参照)。ちなみに、カントにとって因果は、空間と異なり、判断形式であった。——これに対して、ウィトゲンシュタインは、時間・空間・因果が形式であることについてはカントに賛成しつつも、それらをすべて記述の形式とみなす。

(110)　この箇所は、色についての命題が要素命題ではないことを示している。それゆえ、『論理哲学論考』訳注(20)等において「タマは白い」のような命題を要素命題のように扱ったことは『論理哲学論考』の主張からすれば不適切であったことになる。しかし、ではどのような命題が要素命題となるのか、ウィトゲンシュタインはその具体例をまったく示していない。

(111)　'Ethik' は「倫理」とも「倫理学」とも訳せる。訳者の判断で訳し分けた。また、'Ästhetik' も「美」とも「美学」とも訳せる。それゆえ、「倫理学と美学はひとつである」と訳すこともできる。しかし、倫理学と美学が同じものであるとすれば、その理由は、倫理と美がその根底において等しいものであるからにほかならない。そこで、「倫理と美はひとつである」と訳した。

(112)　スピノザ(Baruch de Spinoza, 1632-1677)の『エチカ』(*Ethica*, 1677)にある言葉。

バートランド・ラッセルによる解説

(1)　この解説は、「バートランド・ラッセルによる序文」として『論理哲学論考』に付されたものである。当時、ラッセルはウィトゲンシュタインをきわめて高く評価していたが、一般的にはウィトゲンシュタインは無名の若者というにすぎなかった。そこで、難航する出版交渉の中、ラッセルは序文を書くことを申し出て、それによってようやく出版の道も開けたのである。

しかし、ウィトゲンシュタインはラッセルのこの序文に満足していなかった。ウィトゲンシュタインからラッセルに宛てられた手紙には、次のような言葉が見出される。「あなたの原稿のきわめて多くの箇所に、私は完全には同意できないでいます。あなたが私を批判された箇所もそうですが、私の見解をただ説明しようとなさっている箇所もまた、同様です。」(『草稿一九一四―一九一六』付録III、一九二〇年四月九日付け)「あなたの序文は公刊されません。結果として、私の本もまず公刊されないことになるでしょう。――といいますのも、序文のドイツ語訳を目にして、それを私の著作とともに公刊する決心が私にはつきかねたのです。英文に見られるあなたの洗練された文体は、翻訳では――当然と言えば当然のことでしょうが――失われてしまっており、後に残されたものはただ浅薄さ、そして誤解だからです。」(同、一九二〇年五月六日付け)

(2) ここには『論理哲学論考』に対するラッセルの根本的な誤解が見られる。ラッセルは『論理哲学論考』を、不完全な日常言語から出発して「理想言語」へと向かおうとする試みとして捉えている。しかし、ウィトゲンシュタインの方向はまったくそうではない。日常言語は論理的に完全であるとウィトゲンシュタインは考えている。『論理哲学論考』が為そうとするのは、日常言語を分析し、それがもっている真の論理的構造を明らかにすることである。理想言語を求めようとする理念は、むしろラッセル自身のものであり、そしてそれはウィトゲンシュタインによって批判の対象となるものにほかならない。

（3）思考、語、文とそれが意味しているものの関係を「認識論の問題」とするのは、ラッセルの立場である。興味深いことに、『論理哲学論考』執筆の過程で、ウィトゲンシュタインは意味論を認識論に基づけるラッセルの立場を批判しており、ラッセルもまたその批判を認めて執筆中であった著作を断念していたのである（『論理哲学論考』訳注(83)参照）。もし、この箇所になお意味論を認識論に基づけようとするラッセルの立場がうかがえるのであるとしたら、ラッセルはウィトゲンシュタインが何を批判したのかを理解することなく、その批判に屈して一冊の本をとりやめたということになる。当時のラッセルがウィトゲンシュタインに抱いていた畏敬の念からすれば、そういうこともありうるかもしれない。

（4）ここには「バートランド・ラッセルによる解説」訳注(2)で述べた誤解がある。

（5）ラッセルはウィトゲンシュタインによる「無意味(sinnlos)」と「ナンセンス(unsinnig)」の区別に無頓着である。『論理哲学論考』では「ナンセンス」と訳される箇所であるが、ここではラッセルによる英文の引用に基づいて「無意味」と訳した。以下の箇所でも、引用はラッセルの英文に基づいており、必ずしも『論理哲学論考』本文と一致していない。

（6）「事態」と「事実」に関するこの説明は正確ではない（『論理哲学論考』訳注(6)参照）。

（7）「原子的事実」という用語はウィトゲンシュタインの用いている用語ではない。また、「事態」を「原子的事実」として捉えることはまちがいである（『論理哲学論考』訳注(6)参照）。

（8）「原子命題」という用語は『論理哲学論考』では「要素命題」と呼ばれる。

（9）「連言」とは「論理積」(かつ)のことであり、「選言」とは「論理和」(または)のことである。

（10）ウィトゲンシュタインの数の理論が、ラッセルの求めるような超限数を用意しないというのはそのとおりであるが、有限の数しか扱えないというのは誤解である。ウィトゲンシュタインの数の理論では、数は操作の反復回数として上限をもっていない。その意味で、無限へと開かれた自然数が与えられている。そしてそれ以上の、ラッセルが求めるような数は、積極的に拒否する。すなわち、数について、また無限について、ウィトゲンシュタインとラッセルは根本的に異なる立場に立っているのである。

訳注補遺　論理記号の意味について

『論理哲学論考』における論理記号の使用は、基本的に『プリンキピア・マテマティカ』に従っている。ドットの使用など、現在では一般的でないものもあるが、『論理哲学論考』の理解に資するよう、『プリンキピア・マテマティカ』に従って論理記号の用法を解説しておく。

(1) **否定** **~p**——「pではない」に対応する。pが真のとき偽であり、pが偽のとき真。

(2) **論理和** **p∨q**——「pまたはq」に対応する。pかqの少なくともどちらかが真のとき真であり、pもqも偽のとき偽。

(3) **論理積** **p. q**——「pかつq」に対応する。pもqも真のとき真であり、pかqの少なくともどちらかが偽のとき偽。

(4) **条件法** **p⊃q**——「pならばq」に対応する。pが真でありながらqが偽のとき偽であり、それ以外のとき真。

(5) **p|q**——「pでもqでもない」に対応する。pもqも偽のとき真であり、pかqの少なくともどちらかが真のとき偽。

(6) **(x). fx**——「すべてはfである」あるいは「すべてのxに対して、xはfである」に対応する。

(7) **(∃x). fx**——「fであるものが存在する」あるいは「あるxに対して、xはfである」に対応する。

(8) **ドット「・」「:」の使用**——括弧の代わりにドットを用いる。

ドットは次の三つのグループに分けられる。(括弧内に一例を示す。)

グループ1……「∨」や「⊃」に付されたもの(p. ⊃. q)

グループ2……「(x)」や「(∃x)」に付されたもの((x). fx)

グループ3……論理積を表すドット(p. q)

グループ1、2、3は、この順に「より弱いグループ」と呼ばれる。グループ1がもっとも強いグループであり、グループ3がもっとも弱いグループとなる。

ドットには「.」「:」等があり、さらに三点、四点と数は増加しうるが、『論理哲学論考』には二点までしか出てこない。

ドットの強弱と点の数を利用して、括弧のように範囲を指定する。

範囲指定の方向は、グループ1の場合は論理記号から遠ざかる左右いずれかの方向、グループ2の場合は論理記号の右側の方向、グループ3の場合は左右両方向を、それぞれ範囲として指定する。

n点のドットは、いま述べた方向に、nより多くの数のドットに行き当たるまで、あるいは、自分と同等かより強いグループのn点のドットに行き当たるまでの範囲を、指定する。

参考のために、具体例を五つ示しておく。(括弧を用いて表した式を併記する。)

① p.q. ⊃.r　……(p.q)⊃r

② p:q. ⊃.r　……p.(q⊃r)

③ p:p. ⊃.q:q. ⊃.r　……p.(p⊃q).(q⊃r)

④ (x).fx. ⊃.(x).gx　……(x)fx⊃(x)gx

⑤ (x):fx. ⊃.gx　……(x)(fx⊃gx)

訳者解説

ルートヴィヒ・ウィトゲンシュタイン(Ludwig Wittgenstein)は一八八九年四月二十六日、ウィーンに生まれた。そして、一九五一年四月二十九日に前立腺ガンで死んだ。

本書『論理哲学論考』(*Tractatus Logico-Philosophicus*)(以下『論考』と略す)は一九一八年に完成した。これはウィトゲンシュタインが生前に著した唯一の哲学書である。本書によってウィトゲンシュタインは哲学問題をすべて解決したと信じ、いったんは哲学を離れることになる。その後、小・中学校の教員等を経て、一九二九年、再びケンブリッジ大学トリニティ・カレッジに戻り、哲学活動を再開する。

再開以前、『論考』に代表される時期を「前期」と呼ぶ。再開後、「中期」と呼ばれる時期を経て、『哲学探究』(*Philosophische Untersuchungen*)として死後にまとめられた著作に代表される時期を「後期」と呼ぶ。後期のうち、最晩年の草稿『確実性の問題』(*Über Gewißheit*)に代表される時期を「晩期」とすることもある。

『論考』はフレーゲとラッセルからの継承と批判の上に成り立っている。その緊張は『論考』全体を貫いており、読者によってはその点に『論考』最大のドラマを読むだろう。しかし、フレーゲおよびラッセルとの関係については、本文中の必要な箇所において適宜訳注を付し、解説しておいたので、ここでは省略したい。また、中期以降との関係についても、中途半端な解説をつけるよりは、しかるべき解説書ないし研究書にまかせた方がよいだろう。ただ一言、訳者自身の考えを述べておくならば、中期以降の哲学へと移行するにあたって、『論考』はけっして全面的に撤回されたわけではない。なるほど、ウィトゲンシュタイン自身が『論考』に深刻な誤りを認め、そこから動いていかざるをえなかったということはある。少なくとも、この小さな本をもって、「問題はその本質において最終的に解決された」と結論するのはまちがいである。しかし、『論考』はなお強靭な生命力と光を宿している。『哲学探究』等の中・後期の著作を経ても残されねばならないものが、ここにはある。

それにしても、『論考』という著作は妖しい光を放っている。読む者を射抜き、立ちすくませ、うっとりさせる力を擁している。それはおそらくすばらしいことなのではあろうが、危険でもある。うっとりしながら哲学をすることはできない。『論考』の真価は、冷静に、慎重に、熟練したメスさばきで示されねばならない。この解説はそれにはまったく不足であるが、以下、読者が『論考』という書物を探訪するために少しでも役立つよう、簡単な地図を描いてみることにしたい。

一　目標と方法――序

「私にはどれだけのことが考えられるのか」、これが『論考』の基本問題である。思考の限界を見通すことによって思考しえぬものを浮き彫りにする。ウィトゲンシュタインはそこに二つのことを賭ける。ひとつは、哲学問題が思考不可能な問題であることを示し、いっさいの哲学的お喋りに終止符を打とうとする。もうひとつは、倫理、価値、生に関わることを、思考によってではなく、ただ沈黙のうちに生きることによって受け入れようとする。

しかし、「どれだけのことが考えられるのか」という問題に対して再び思考によって答えようとすることには、根本的な困難がある。そこでウィトゲンシュタインは、言語の限界を明らかにすることによって思考の限界を示そうとする。かくして、思考の限界の問いに代えて、「私にはどれだけのことが語りうるのか」という問いが問われることになる。まさにこれこそが、『論考』の核心をなす問いにほかならない。

二　世界／世界の可能性――一・二・〇六三

「どれだけのことが考えられるのか」、これは可能性を問う問いである。『論考』はこの可能性の限界を見定めようとする。だが、そもそも可能的なものというのはいかにして開けてくるのだろう。見渡せばすべては事実でしかない。すべては現実であり、たんなる可能的なものなど、この世界には何ひとつない。『論考』はこのことを厳格に受け止める。冒頭の「世界は成立していることがらの総体である」という言葉は、そのことの痛切な自覚である。

『論考』は現実に成立していることを「事実」と呼び、可能的な事実を「事態」と呼ぶ。両者の違いは決定的である。一言で言ってしまえば、「事実」は出発点であり、「事態」はゴールに属している。われわれは事実から出発するしかない。われわれはこの現実の世界から出て行くことはできない。しかし、それでも、われわれは可能的な事態を考えている。現実から可能性へと、どうやって到達するのか。

現実の世界とは別に思考の世界があるという、なんだかよく分からない逃げ道は許されない。何を考えようと、そう私が考えたということは厳然たる世界の中の事実である。事実以外の何ものも、この世界には存在しない。

可能性を開くためには、事実を対象へと分解しなければならない。事実を事実のままに受け止めているのでは可能性は開けてこない。事実を対象に分解し、その対象をさまざまに組み合わせていく。たとえば、〈ポチがタマを追う〉という事実を〈ポチ〉〈タマ〉〈追う〉といった要素に分解し、それを〈タマがポチを追う〉のように組み替える。そこにおいてはじめて、現実にはない可能性が開けてくるのである。事実は要素へと分解され、事態へと組み立てられねばならない。こうして『論考』は事実から出発し、可能性の限界に向けて分析と構成の往復運動を行なう。

三　像——二・一—二・二二五

分析と構成の作業を行なうために、「像」が必要となる。もし現物のポチとタマしかないのであれば、〈タマがポチを追う〉のような組合せを作るということは、現物のタマに現物のポチを実際に追いかけさせることでしかない。それゆえ、対象の新たな組合せを可能的に試してみるためには、どうしたって現物そのものではなく、現物を代理するものがなければならない。それは人形でもよいだろうし、何かの駒でもよいだろう。そして、われわれがもっているきわめて手軽な代理物は、言語である。「タマ」という語が現物の〈タマ〉の代わりをし、「ポチ」という語が現物の〈ポチ〉の代わりをする。そして両者を「追う」という語でつなぐ。語がそのようにつながれていることは、紙の上やパソコンの画面上に生じたひとつの事実であるが、その事実が、〈タマがポチを追う〉という可能な事態を表現する。事実から出発し可能性が開けるためには、事実を像で写しとることが必要なのである。

四　思　考――三―三・〇五

思考が世界の可能性を捉えることであるならば、思考とはまさに像である。ここで、「心」とか「意識」といった言葉で連想されがちな非物理的な何ものかを想定してはならない。思考もまた、この世界に起きたある事実が、他の事実を表現することによって成立するものにほかならない。その事実とは、小さな声で独り言を言うことかもしれないし、声にならない咽喉の動きであるかもしれない。あるいは、文字を紙に書き連ねることであるかもしれないし、パソコンのキーボードを叩くことであるかもしれない。ともあれ、なんらかの身体運動ないしそれによって生じた事実が、〈タマがポチを追う〉のような事態を表現するのであり、それがすなわち可能な事態を思考するということなのである。かくして、『論考』が明らかにしようと狙う思考の限界は、像の限界、すなわち言語の限界と厳格に一致する。

そこで、事実を要素(対象)に分解しそれを事態へと構成するという、現実から可能性への展開は、言語において、事実を写した命題を要素(名)に分解し、それを可能な事態を表現した新たな命題へと構成する作業として行なわれることになる。

五　像としての命題——三・一—四・一二八

事実と命題とをどのようにしてその要素(対象と名)に分解するのか、さらに踏み込んで考えよう。

たとえばいま、「ポチ」という名の一匹の犬が小屋の前で寝ているとする。これは一つの事実である。しかしわれわれは、その事実を見てとると同時に、さまざまな反事実的な可能性をも了解する。たとえば、ポチはいま小屋の前にいるが、道を歩いていることもあるだろうし、公園で遊んでいることもあるだろう。逆に、もしそのような反事実的な了解がないのであれば、ポチと小屋を別の対象として分離することもない。小屋の前で寝ているものとしてしかその犬を考えることができないのであれば、ポチというのは犬と小屋が融合した奇妙なものということになるだろう。

事実から対象を取り出すとは、その対象をさまざまな事態のうちに現れうるものとして捉えることを意味している。そこで、ある対象がいかなる事態のうちに現れうるのか、その論理的な可能性を、ウィトゲンシュタインは「論理形式」と呼ぶ。すなわち、事実から対象を取り出すためには、その対象の論理形式を明らかにしなければならない。

対象の論理形式は、命題における名の論理形式として明らかにされる。対象〈ポチ〉がいかなる事態のうちに現れうるかは、名「ポチ」を用いていかなる有意味な命題を構成しうるかということと対応する。「ポチは黒い」は有意味である、「ポチは太郎に飼われている」は有意味である、他方、「ポチは2の倍数である」は無意味である、等々。こうしたことは、名「ポチ」の論理形式に属することがらとなる。

このようにして、名の論理形式が明らかにされ、それとともに対象の論理形式も明らかになり、名が何を意味するのかが解明される。

事実と命題からその要素として対象と名が取り出されてきたならば、ここから新たな可能性を構成する道へと折り返すことになる。しかし、それはもはや約束された道と言えよう。名の意味の解明において、その論理形式も明らかにされている。そして論理形式とは、その名を用いて構成しうる有意味な命題の可能性にほかならない。とすれば、あとは論理形式に従って名を組み合わせていけばよい。それはまた、可能な事態のすべてを手にすることでもある。

六　真理操作――四・二―五・五四二三

こうしてわれわれは、事実から出発し、事態へと到達した。しかし、これはまだ道の半ばにすぎない。われわれは、たとえば否定に出会っていない。

論理形式に従った名の配列は「要素命題」と呼ばれる。この中には否定命題は含まれていない。もし否定を表す語「ではない」が名であるとするならば、そしてそれが何か〈否定〉という対象を表すのであれば、二重否定がどうして肯定に等しくなるのかという単純な問いにも答えられなくなるだろう。二回否定すると否定はキャンセルされる。これは、「ではない」が対象を表した表現ではなく、なんらかの「操作」であることの証《あかし》にほかならない。操作であれば、たとえば「裏返す」という操作を二回施せばもとに戻るということは、ごくあたりまえのことである。

ここにおいてわれわれは「論理空間」という道具立てを正式に導入しなければならない。きわめて単純なモデルを示そう。可能な事態はpとqだけであるとする。そのとき、事態の成立・不成立は四通りの可能性をもつ。それらを、w_1、w_2、w_3、w_4とすると、論理空間は次のようになる。

w_1……ϕ
w_2……p
w_3……q
w_4……p、q

ここで、w_1におけるϕはpもqも成立していないことを意味する。w_2ではpだけが成立し、qは成立していない。w_3ではqだけが成立し、pは成立していない。そしてw_4ではpもqも成立している。

命題は論理空間中にそれが真になる領域を規定する。命題「p」はw_2とw_4において真となる。そこでたとえば命題pを否定するとは、pが規定するこの領域{w_2、w_4}の外側{w_1、w_3}を取り出すことと捉えることができる。

このような操作は「真理操作」と呼ばれる。否定以外にも、「または」「かつ」「ならば」といった論理に関わる語彙もまた、真理操作を表したものと捉えられる。たとえば「pまたはq」はpを真にする領域とqを真にする領域の合併であり、いま与えた簡単な論理空間においては、{w_2、w_4}と{w_3、w_4}を合併して{w_2、w_3、w_4}を作る操作となる。

ここにおいて、『論考』の基本的な道具立てがそろった。命題と事実の組はそれぞれ名と対象に分解される。論理形式に従って構成された名の配列は要素命題となり、対象の配列は事態となる。事態の成立・不成立の可能性によって論理空間が張られる。論理空間上の操作として真理操作が導入され、その真理操作に従って、要素命題は複合的命題へと構成されることになる。これが、可能な命題のすべて、すなわち「語りうるもの」のすべてにほかならない。

七　基底／独我論——五・五五—五・六四一

操作に対して、操作が施されるものをその操作の「基底」と呼ぶ。真理操作の基底は要素命題である。どのような要素命題が基底になるかは経験に依存するが、真理操作は何を基底とするかによらず一定であり、それゆえ経験に依存しない、すなわちア・プリオリに定まっている。ここに、『論考』のもっとも重要な基本構図がある。

一般に、操作は何を基底とするかによらず、定まったものとしてある。たとえば、「裏返す」という操作は、一枚の紙に施されることもあれば、一冊の本や路上の石ころに施されることもある。それらを通じて「裏返す」という操作は一定である。同様に、どのような要素命題が与えられようとも、それに対する真理操作は一定のものとなる。

他方、どのような要素命題が真理操作の基底として与えられるかは、経験に依存するものとなる。もちろん、要素命題は可能な事態を表現するものであるから、そのすべてを私は経験しているわけではない。しかし、要素命題は名からなり、名は対象を表す。そして、対象は私が経験した事実から取り出されてきたものにほかならない。それゆえ、対象のレベルでは可能的なものは何ひとつない。対象はすべてこの世界に存在するもの、事実において私が出会ったものであり、可能的なものは既知の対象の新たな組合せとしてのみ開かれる。すなわち、完全に私の経験に依存しているのは名と対象の対であり、そのかぎりにおいて、名の可能な組合せたる要素命題もまた、私の経験に依存するのである。

ここに、言語が「私の言語」として特徴づけられる理由がある。そして、ウィトゲンシュタインはまさにこの地点に独我論を位置づける。

真理操作はア・プリオリに定まったものであるから、要素命題が定まれば、そこから複合的な命題を作り出していく構成はもはや決定された道となる。それゆえ、「言語の限界」を定めるものは、操作ではなく、その基底にある。そして言語の限界は思考可能性の限界にほかならないから、「どれだけのことが考えられるのか」という問いに対する答えは、私がどのような事実を経験しているのかに決定的に依存するものとなる。

ここで他者を位置づけようと試みてみよう。それは私と異なる経験をもっているであろう他者である。そして、私と異なる経験をもっているのであれば、そこに開かれる論理空間もまた異なったものとなる。すなわち、ここにおいて他者とは「異なる論理空間」の別称にほかならない。では、異なる論理空間を私の論理空間のうちに位置づけることができるだろうか。不可能である。私はこの論理空間のうちに他の論理空間を定位するすべをもたない。かくして、私の思考可能性のうちから他者の姿が消え去ることになる。これが、『論考』の独我論である。

八　操作と形式／数・論理学・数学・自然科学――六―六・三七五一

続いてウィトゲンシュタインは、操作と形式に焦点を当てながら議論を進める。具体的には、世界記述のような形をしていながら実際には世界記述ではなく、記述の形式を示しているような命題の身分を、数、論理学、数学、そして自然科学に関して、それぞれ論じていく。順に見ていこう。

まず数の問題が扱われる。たとえば「3は2より大きい」という命題を考えよう。これは世界記述の命題と異なり、必然的に成り立つことである。では、この必然性の正体は何か。

『論考』は数を操作の反復回数として捉える。なぜか。「操作と基底」という『論考』の基本構図において、基底は経験的であり、ア・プリオリな性格をもつものはただ操作に由来するものでしかないからである。操作を3回施すことは、操作を2回施すことを含んでいる。これは操作の本質からしてそうであり、そうでないことをわれわれは考えることはできない。このことが、「3は2より大きい」が必然的に成り立つということの内実にほかならない。

論理命題の必然性も操作に由来する。たとえば「pまたはpではない」という命題は

「または」と「ではない」という真理操作のあり方からして正しいものとなる。一般に世界記述の命題の真偽はそれがどのような要素命題を含んでいるかに依存する。すなわち、基底の真偽に依存している。それに対して、論理命題の真理性は基底にはまったく依存しない。そのことは、論理命題が論理空間の全域において真となることによって示されている。論理空間の全域において真になる命題は「トートロジー」と呼ばれるが、論理命題はまさしくトートロジーであり、トートロジーであることによって真理操作のあり方を示しているのである。

「1+2=3」のような数学の等式もまた、操作のあり方を示している。たとえば「〜〜(〜p)=〜〜〜p」という等式は、われわれが右辺の式を用いるところでは左辺の式を用いてよいし、逆に左辺の式を用いるところでは右辺の式を用いてよいということを示しているが、これを操作の数という観点から述べたものが、「1+2=3」にほかならない。これらは、それゆえ、世界記述の命題ではない。われわれが世界記述をするさいに用いる真理操作のあり方を示したものであり、その意味で記述の形式を与えているのである。

ウィトゲンシュタインは、自然科学の法則命題もまた世界記述ではなく、記述の形式を与えるものであると論じる。その議論の内実と射程はなお慎重に検討されねばならないが、少なくとも、「時間」「空間」「因果」といった形式に関わる概念を、カントのように直観の形式や判断の形式として捉えるのではなく、あくまでも記述の形式を与えるものとして捉えようとしていることまでは、明らかであろう。すなわち、われわれがなんであれ、あるできごとを語ろうとするならば、そのできごとは時間的空間的位置をもっていなければならず、また、他のできごととまったく因果関係をもたないようなものとして記述することは許されないのである。

九　倫　理――六・四―六・四五

最後に倫理が論じられる。倫理命題もまた世界記述ではない。そして、論理命題とは異なった意味において、倫理命題にも「必然的」と呼びうるような性格が見られる。

倫理の問題は、「幸福」の問題へと収斂《しゅうれん》する。ここで幸福と呼ばれるものはなんらかの世俗的なエピソードではない。「この世界の苦難を避けることができないというのに、そもそもいかにしてひとは幸福でありうるのか。」(『草稿一九一四―一九一六』一九一六年八月十三日)ここにウィトゲンシュタインの問題がある。幸福であること、あるいは不幸であることは世界のあり方に左右されないものでなければならない。

振り返って、ここまでの『論考』の叙述を「幸福」に狙いを定めたものとして読み直すことは可能である。まず、世界は事実の総体として現れる。次にそこから対象が分析される。対象の組合せたる事実はさまざまに変化しうるが、そうした諸可能性の礎石たる対象は変化しない。ここに、世界が「永遠の相のもとに」姿を現す。続いて、世界の可能性の礎石である対象が、あくまでも私の経験の範囲にあることが確認される。ここから、世界は「私の世界」として現れることになる。これがここまでの道のりであるとすれば、『論考』はその最後において、さらにもう一歩を進める。

私の世界は「生きる意志」に満たされねばならない。事実を経験し、そこからさまざまな思考へと飛躍していくだけでなく、その世界を積極的に引き受けていこうとする、その意志である。どのような世界であれ、生きる意志に満たされうる。そしてどのような世界であれ、生きる意志を失いうる。前者が幸福な生であり、後者が不幸な生にほかならない。こうして、論理という表の顔に導かれながら論述を進めてきた『論考』は、その最終段階において、「幸福に生きよ！」（『草稿一九一四―一九一六』一九一六年七月八日）という声を響かせるのである。

十　謎の解消――六・五―七

語りうるもののみを語ること。そして語りえぬものは、沈黙のうちにそれを引き受け、生きること。語ることによって答えさせようと強いながら、しかし語りえぬものの前でひとを身動きできなくさせるものを「謎」と呼ぶならば、ウィトゲンシュタインは『論考』によってついにその呪縛を解きえたと信じるに至った。かくして、「謎は存在しない」（六・五）と言われる。そして、「語りえぬものについては、沈黙せねばならない」（七）。

野矢茂樹

二〇〇三年七月

索　　引

索引は『論理哲学論考』の序と本文に対してのものである．p.9–p.11 は序のページ数を表し，その他は本文の節番号を表す．

人　　名

カント(Kant)　6.36111
ダーウィン(Darwin)　4.1122
フレーゲ(Frege)　p.10, 3.143, 3.318, 3.325, 4.063, 4.1272, 4.1273, 4.431, 4.442, 5.02, 5.132, 5.4, 5.42, 5.451, 5.4733, 5.521, 6.1271, 6.232
ヘルツ(Hertz)　4.04, 6.361
ホワイトヘッド(Whitehead)　5.252, 5.452
マウトナー(Mauthner)　4.0031
ムーア(Moore)　5.541
ラッセル(Russell)　p.10, 3.318, 3.325, 3.331, 3.333, 4.0031, 4.1272–4.1273, 4.241, 4.442, 5.02, 5.132, 5.252, 5.4, 5.42, 5.452, 5.4731, 5.513, 5.521, 5.525, 5.5302, 5.532, 5.535, 5.5351, 5.541, 5.5422, 5.553, 6.123, 6.1232

事　　項

あ　行

悪循環(circulus vitiosus)　4.1273
足場(Gerüst)　3.42, 4.023, 6.124
ア・プリオリ(a priori)　2.225, 3.04, 3.05, 5.133, 5.4541, 5.4731,

5.55, 5.5541, 5.5571, 5.634, 6.31, 6.3211-6.34, 6.35
網(網の目)(Netz, Netzwerk)　5.511, 6.341, 6.342, 6.35
「以下同様」('und so weiter')という概念　5.2523
意義(Sinn)　p.9, 6.41
(フレーゲが論じた意味での)　6.232
意志(Wille, Wollen)　5.1362, 5.631, 6.373, 6.374, 6.423, 6.43
一元論(Monismus)　4.128
一般(allgemein)　3.3441, 4.0141, 4.5, 5.156, 5.242, 5.454, 5.46, 5.472, 5.5262, 6.1231, 6.3432
——形式(Form)　3.312, 4.1273, 4.5, 6, 6.002, 6.01, 6.022, 6.03
——項(Glied)　4.1273, 5.2522
——的な命題形式(Satzform)　4.5, 4.53, 5.47, 5.471, 5.472, 5.54
——命題(Satz)　4.1273, 4.411
一般化(verallgemeinern)　4.0411, 4.52, 5.156, 5.526, 5.5261, 6.1231
完全に——された命題(vollkommen verallgemeinerter Satz)　5.526, 5.5261
一般性(Allgemeinheit)　3.24, 4.0411, 5.1311, 5.521-5.523, 6.031, 6.1203,
一般的妥当性(Allgemeingültigkeit)　6.1231, 6.1232
意味(「意義」および「指示対象」の項も参照のこと)
(Bedeutung)　3.203, 3.261, 3.263, 3.314, 3.315, 3.317, 3.323, 3.328-3.331, 3.333, 4.026, 4.126, 4.241-4.243, 5.02, 5.31, 5.451, 5.461, 5.4733, 6.53
(Sinn)　2.0211, 2.221, 2.222, 3.11, 3.13, 3.142, 3.1431, 3.144, 3.23, 3.3, 3.31, 3.328, 3.34, 3.341, 4.002, 4.0031, 4.011, 4.014, 4.02-4.022, 4.027-4.031, 4.032, 4.061, 4.0621-4.064, 4.1211, 4.122, 4.1221, 4.1241, 4.126, 4.2, 4.431, 4.463, 4.465, 4.5, 4.52, 5.02, 5.122, 5.2341, 5.25, 5.2521, 5.4, 5.42, 5.44, 5.46, 5.473, 5.4732, 5.4733, 5.514, 5.515, 5.5302, 5.5542, 5.631, 5.641, 6.124, 6.126, 6.422, 6.521
色(Farbe, etc.)　2.0131, 2.0232, 2.0251, 2.171, 4.123, 6.3751
因果(Kausalität, etc.)　5.136-5.1362, 6.32, 6.321, 6.36, 6.362
疑い(Zweifel)　6.51, 6.521

永遠(ewig, Ewigkeit)　6.4311, 6.4312
　——の相のもとに(sub specie aeterni)　6.45
オッカムの格言(Devise Occams, Occams Devise)　3.328, 5.47321
音(Laut, Ton)　2.0131, 3.141, 4.002
驚き(Überraschung)　6.1251, 6.1261

か 行

懐疑論(Skeptizismus)　6.51
階型(Hierarchie)　5.252, 5.556, 5.5561
外的(extern)　2.01231, 2.0233, 4.023, 4.122, 4.1251, 4.1252
概念(Begriff)　4.063, 4.126-4.1274, 4.431, 5.2523, 5.451, 5.476, 5.521, 5.555, 6.022
概念記法(Begriffsschrift)　3.325, 4.1272, 4.1273, 4.431, 5.533, 5.534
解明(erläutern, Erläuterung)　3.263, 4.112, 5.5422, 6.54
科学(Wissenschaft)(「自然科学」の項も参照のこと)　6.34, 6.341, 6.52
鏡(Spiegel)　5.511
学(学説)(Lehre)　4.112, 6.1224, 6.13
確実(確実性)(gewiß, Gewißheit)(「確からしい」の項も参照のこと)　4.464, 5.152, 5.156, 5.525, 6.3211
確率(Wahrscheinlichkeit)　4.464, 5.1, 5.15-5.152, 5.154-5.156
仮説(Hypothese)　4.1122, 5.154, 5.5351, 6.36311
語る
　(aussagen)　3.332, 4.1241, 4.441, 5.25, 6.124, 6.1264
　(sagen)　p.9, 3.031, 3.1432, 3.221, 4.022, 4.03, 4.062-4.063, 4.1212, 4.1241, 4.1272, 4.242, 4.461, 4.465, 5.14, 5.142, 5.43-5.441, 5.451, 5.47, 5.4733, 5.513, 5.526, 5.5301-5.5303, 5.535, 5.542, 5.61, 5.62, 5.631, 6.001, 6.11, 6.342, 6.35, 6.36, 6.51, 6.521, 6.53
　(sprechen)　3.221, 4.1221, 4.1272, 6.3431, 6.423, 7
　語りうる(sagbar)　4.115
　語りえぬ(unsagbar)　4.115
　何ごとかを語る(gehaltvoll)　6.111

何も語らぬ(nichtssagend)　6.121
価値(Wert)　p.10, p.11, 6.4, 6.41
活人画(lebendes Bild)　4.0311
活動(Tätigkeit)　4.112
仮定(Annahme)　4.063
可能(可能性)(möglich, Möglichkeit, etc.)　2.012–2.0123, 2.0124, 2.013, 2.014, 2.0141, 2.033, 2.15, 2.151, 2.201–2.203, 3.001, 3.02, 3.04, 3.11, 3.13, 3.3421, 3.3441, 3.411, 4.015, 4.0312, 4.114, 4.124, 4.125, 4.2, 4.27–4.41, 4.42–4.44, 4.442–4.46, 4.462–4.464, 4.5, 5.101, 5.252, 5.44, 5.473, 5.4733, 5.503, 5.525, 5.5262, 5.55, 5.555, 5.61, 6.33, 6.34, 6.361, 6.52
可変的命題(variabler Satz)　3.315
神(Gott)　3.031, 5.123, 6.372, 6.432
代わり(vertreten)　2.131, 3.22, 3.221, 4.0312
還元公理(Axiom of Reducibility)　6.1232, 6.1233
関数(Funktion)　3.318, 3.333, 4.126, 4.1272, 4.12721, 4.24, 5.02, 5.2341, 5.25, 5.251, 5.44, 5.47, 5.501, 5.52, 5.5301
観念論(idealistisch)　4.0412
幾何(幾何学)(Geometrie, geometrisch)　3.032, 3.0321, 3.411, 6.35
帰結(Folge, folgen, Schluß)　4.1211, 5.11–5.124, 5.13, 5.131, 5.132, 5.1363–5.142, 5.152, 5.43, 5.452, 6.1201, 6.1221, 6.126, 6.422
記号規則(Zeichenregel)　6.02, 6.126
記号言語(Zeichensprache)　3.325, 3.343, 4.1121, 4.1213, 4.5, 6.124
記号体系(Symbolismus, Zeichensystem)　4.4611, 5.452, 5.475
疑似概念(Scheinbegriff)　4.1272
疑似関係(Scheinbeziehung)　5.461
疑似命題(Scheinsatz)　4.1272, 5.534, 5.535, 6.2
記述(beschreiben, Beschreibung)　2.0201, 2.02331, 3.144, 3.24, 3.317, 3.33, 4.016, 4.023, 4.063, 4.0641, 4.26, 4.5, 5.02, 5.156, 5.4711, 5.472, 5.501, 5.526, 5.634, 6.124, 6.125, 6.341–6.343, 6.3432, 6.35, 6.3611, 6.362
基数(Kardinalzahl)　5.02

規則(Regel)　3.331, 3.334, 3.343, 3.344, 4.0141, 4.241, 4.442, 5.47321, 5.476, 5.512, 5.514, 6.02, 6.126
基底(Basis)　5.21, 5.22, 5.231, 5.234, 5.24, 5.25, 5.251, 5.442, 5.54
帰納(Induktion)　6.31, 6.363
基本概念(Grundbegriff)　4.12721, 5.451, 5.476
基本法則(Grundgesetz)　5.43, 5.452, 6.127, 6.1271
鏡像(Spiegelbild)　6.13
空間(Raum)　2.0121, 2.013, 2.0131, 2.0251, 2.171, 2.182, 2.202, 3.032, 3.0321, 3.1431, 4.0412, 4.463, 6.3611, 6.36111, 6.4312
空間めがね(Raumbrille)　4.0412
偶然(Zufall, zufällig)　2.012, 2.0121, 3.34, 6.031, 6.1231, 6.1232, 6.3, 6.41
鎖(Kette)　2.03
経験(Erfahrung)　5.552, 5.553, 5.634, 6.1222, 6.363
経験的実在(empirische Realität)　5.5561
計算(berechnen, Rechnung)　6.126, 6.2331
繫辞(Kopula)　3.323
形式(Form, formal)(「命題形式」「論理形式」の項も参照のこと) 2.0122, 2.0141, 2.022–2.0231, 2.025–2.026, 2.033, 2.171, 2.173–2.18, 3.13, 3.31–3.312, 3.333, 4.012, 4.1241, 4.1271, 4.1273, 4.24–4.242, 4.5, 5.131, 5.156, 5.231, 5.24, 5.241, 5.2522, 5.451, 5.46, 5.47, 5.501, 5.5351, 5.542, 5.5422, 5.55, 5.554, 5.5542, 5.555, 5.556, 5.5562, 6, 6.002, 6.01, 6.022, 6.03, 6.1201, 6.1203, 6.1224, 6.1264, 6.32, 6.321, 6.34, 6.341, 6.342
　——的概念(Begriff)　4.126–4.1274
　——的関係(Relation)　4.122, 5.242
　——的性質(Eigenschaft)　4.122, 4.124, 4.126, 4.1271, 5.231, 6.12, 6.122
　——列(Reihe)　4.1252, 4.1273, 5.252, 5.2522, 5.501
形而上学的(metaphysisch)　5.633, 5.641, 6.53
原因(Ursache)　6.3611
限界(Grenze, begrenzen)　p.9, p.10, 4.112, 4.113, 4.114, 4.51, 5.143,

5.5262, 5.5561, 5.6-5.62, 5.632, 5.641, 6.43, 6.4311, 6.45
原型(Urbild)　3.24, 3.315, 3.333, 5.522, 5.5351
言語(Sprache)　p.9, p.10, 3.032, 3.323, 3.325, 3.343, 4.001-4.003, 4.011, 4.014, 4.0141, 4.025, 4.1121, 4.121, 4.1213, 4.125, 4.5, 5.4731, 5.5563, 5.6, 5.62, 6.12, 6.124, 6.233, 6.43
言語批判(Sprachkritik)　4.0031
現在(Gegenwart, gegenwärtig, jetzt)　5.1361, 5.1362, 6.4311, 6.4312
原始記号(Urzeichen)　3.26, 3.261, 3.263, 5.42, 5.45, 5.451, 5.46, 5.461, 5.472
現実(wirklich, Wirklichkeit)　2.022, 2.06, 2.063, 2.12, 2.1511, 2.1512, 2.1515, 2.17, 2.171, 2.18, 2.201, 2.21, 2.222, 2.223, 4.01, 4.011, 4.021, 4.023, 4.05, 4.06, 4.0621, 4.12, 4.121, 4.462, 4.463, 5.512, 5.633, 6.1233, 6.3631
現象(Phänomen)　6.423
語(Wort)　3.14, 3.141, 3.143, 3.323, 4.002, 4.026, 4.111, 4.123, 4.1272, 4.243, 5.4733, 6.111, 6.211
行為(Handlung)　5.1362, 6.422
構成(構築)(「合成」「構成要素」の項も参照のこと)
(Bau, bauen)　4.002, 5.45, 6.002
(bilden)　2.0231, 2.0272, 4.51, 5.4733, 5.501, 5.503, 5.512, 5.514, 5.5151, 5.555, 6.126
(hervorbringen)　5.21
(konstruieren, Konstruktion)　4.023, 4.5, 5.233, 5.556, 6.343
(zusammengesetzt, Zusammengesetztheit)　3.1431, 4.2211, 5.47
(zusammengestellt)　4.031
合成(zusammengesetzt, Zusammensetzung)　2.021, 3.143, 3.3411, 4.032, 5.5261, 5.5421, 5.55
構成要素(Bestandteil)(「要素」の項も参照のこと)　2.011, 2.0201, 3.24, 3.4, 4.024, 4.025, 5.4733, 5.533, 5.5423, 6.12
構造(Struktur)　2.032-2.034, 2.15, 4.1211, 4.122, 5.13, 5.2, 5.22,

6.12, 6.3751
後続者(Nachfolger)　4.1252, 4.1273
肯定的事実(positive Tatsache)　2.06, 4.063
肯定命題(positiver Satz)　5.44, 5.5151
幸福な(glücklich)　6.43
構文論(syntaktisch, Syntax)　3.325, 3.327, 3.33, 3.334, 3.344, 6.124
心(Seele)　5.641

さ　行

際限なく(ad inf.)　5.512
最小作用の法則(Gesetz der kleinsten Wirkung)　6.321, 6.3211
最小法則(Minimum-Gesetz)　6.321
算術(Arithmetik)　4.4611
『算術の基本法則』(*Grundgesetze der Arithmetik*)　5.451
死(Tod)　6.431-6.4312
恣意的(beliebig, willkürlich)　3.315, 3.322, 3.342, 3.3442, 5.02, 5.473, 5.47321, 5.554, 6.124, 6.341
自我(Ich)　5.64, 5.641
時間(時)(Zeit, zeitlich)　2.0121, 2.0251, 6.3611, 6.3751, 6.4311, 6.4312
思考(denken, Gedanke, etc.)　p.9, 3-3.03, 3.04-3.1, 3.12, 3.2, 3.5, 4, 4.002, 4.014, 4.112, 4.1121, 4.114, 5.4731, 5.61, 5.631, 6.21, 6.361
思考過程(Denkprozeß)　4.1121
指示対象(Bedeutung)(「意味」の項も参照のこと)　3.3, 4.442, 4.466, 4.5, 5.02, 5.535, 5.55, 6.124, 6.126, 6.232, 6.2322, 6.2323
事実(Fall, sich verhalten, Tatsache, etc.)　1.1-1.2, 2, 2.0121, 2.024, 2.034, 2.06, 2.1, 2.141, 2.16, 3, 3.13, 3.14, 3.142, 3.143, 3.1432, 4.016, 4.022, 4.024, 4.0312, 4.061, 4.062, 4.063, 4.122, 4.1221, 4.1272, 4.2211, 4.463, 4.5, 5.1362, 5.154, 5.156, 5.43, 5.461, 5.5151, 5.542, 5.5423, 5.61, 6.111, 6.113, 6.2321, 6.342, 6.43, 6.4321
自然科学(Naturwissenschaft)(「科学」の項も参照のこと)　4.11, 4.111, 4.1121-4.113, 6.111, 6.4312, 6.53

自然現象(Naturerscheinung)　6.371
自然法則(Naturgesetz)　5.154, 6.36, 6.371, 6.372
事態(Sachverhalt)　2-2.0123, 2.0124, 2.013, 2.0141, 2.0272-2.032, 2.034-2.062, 2.11, 2.201, 3.001, 3.0321, 4.023, 4.0311, 4.1, 4.122, 4.2, 4.21, 4.2211, 4.25, 4.27, 4.3
実在(Realität)　5.5561, 5.64
実在論(Realismus)　5.64
実体(Substanz)　2.021, 2.0211, 2.0231, 2.024, 2.025, 4.463
自明(einleuchten, selbstverständlich, etc.)　5.4731, 6.111, 6.1271, 6.2341
示す(anzeigen, zeigen)　3.262, 4.022, 4.0621, 4.0641, 4.121-4.1212, 4.122, 4.126, 4.461, 5.1311, 5.24, 5.4, 5.513, 5.515, 5.5261, 5.5421, 5.5422, 5.5561, 5.62, 5.631, 6.12, 6.1201, 6.121, 6.1221, 6.124, 6.126, 6.1264, 6.127, 6.22, 6.23, 6.232, 6.36, 6.522
視野(Gesichtsfeld)　2.0131, 5.633, 5.6331, 6.3751, 6.4311
射影(Projektion, projizieren, etc.)　3.11-3.13, 4.0141
写像(写しとる)(abbilden, Abbildung, etc.)　2.15, 2.151, 2.1513, 2.1514, 2.16-2.172, 2.18, 2.181, 2.19-2.201, 2.22, 4.013, 4.014, 4.015, 4.016, 4.041
集合(集まり)(Klasse)　3.142, 3.311, 3.315, 4.1272
集合論(die Theorie der Klassen)　6.031
主体(Subjekt)　5.5421, 5.631-5.633, 5.641
使用(anwenden, gebrauchen, verwenden, etc.)(「適用」の項も参照のこと)　3.262, 3.325-3.328, 3.5, 4.013, 4.1272, 4.241, 6.124, 6.211
状況(Sachlage)　2.0121, 2.0122, 2.014, 2.11, 2.202, 2.203, 3.02, 3.11, 3.144, 3.21, 4.021, 4.03, 4.031, 4.032, 4.04, 4.124, 4.125, 4.462, 4.466, 5.135, 5.156, 5.525
象形文字(Hieroglyphenschrift)　4.016
賞罰(Strafe und Lohn)　6.422
証明(Beweis, beweisen)　6.126, 6.1262-6.1265, 6.2321, 6.241
信じている(glauben)　5.541, 5.542

人生(Leben)(「生」の項も参照のこと)　6.4311
身体(Körper, Leib)　4.002, 5.631, 5.641
神秘(mystisch)　6.44, 6.45, 6.522
シンボル(Symbol)　3.31, 3.317, 3.32, 3.321, 3.323, 3.325, 3.326, 3.341, 3.3411, 3.344, 4.126, 4.24, 4.465, 4.4661, 4.5, 5.1311, 5.473, 5.4733, 5.513-5.515, 5.525, 5.5261, 5.555, 6.113, 6.124, 6.126
心理(Psychologie, psychologisch)　5.541, 6.3631
真理概念(Wahrheitsbegriff)　4.063, 4.431
心理学(Psychologie)　4.1121, 5.5421, 5.641, 6.423
真理可能性(Wahrheitsmöglichkeit)　4.3-4.41, 4.42-4.44, 4.442-4.46, 5.101
真理関数(Wahrheitsfunktion)　3.3441, 5, 5.1, 5.101, 5.234, 5.2341, 5.3-5.32, 5.41, 5.44, 5.5, 5.521, 6
真理根拠(Wahrheitsgrund)　5.101-5.121, 5.15
真理条件(Wahrheitsbedingung)　4.431, 4.442-4.461, 4.463
真理操作(Wahrheitsoperation)　5.234, 5.3, 5.32, 5.41, 5.442, 5.54
推論(erschließen, schließen, Schluß)　2.062, 5.1311, 5.132, 5.135-5.1362, 5.152, 5.633, 6.1224
——法則(Schlußgesetz)　5.132
数(Anzahl, Zahl)　4.1252, 4.126, 4.1272, 4.12721, 4.128, 5.02, 5.453, 5.474-5.476, 5.553, 6.02-6.03, 6.1271, 6.341
数学(Mathematik, mathematisch)　4.04-4.0411, 5.154, 5.43, 5.475, 6.031, 6.2-6.22, 6.2321, 6.233, 6.234-6.24
『数学の諸原理』(*Principles of Mathematics*)　5.5351
生(Leben)(「人生」の項も参照のこと)　5.621, 6.4311, 6.4312, 6.52, 6.521
生活(Leben)　6.211
性質(Eigenschaft)　2.01231, 2.0233, 2.02331, 4.023, 4.063, 4.122-4.1241, 4.126, 4.1271, 5.231, 5.473, 5.5302, 6.111, 6.12, 6.121, 6.122, 6.126, 6.231, 6.35
世界(Welt)　1-1.11, 1.13, 1.2, 2.021-2.022, 2.0231, 2.026, 2.04, 2.063, 2.19, 3.01, 3.031, 3.12, 3.3421, 4.014, 4.023, 4.12, 4.2211, 4.26,

4.462, 5.123, 5.4711, 5.511, 5.526-5.5262, 5.551, 5.5521, 5.6-5.633, 5.641, 6.12, 6.1233, 6.124, 6.13, 6.22, 6.342, 6.3431, 6.373, 6.374, 6.41, 6.43, 6.431, 6.432, 6.44, 6.45, 6.54
——観(Weltanschauung)　6.371
——記述(Weltbeschreibung)　6.341, 6.343, 6.3432
善(gut)　4.003, 6.43
像(Bild)　2.0212, 2.1-2.1512, 2.1513-3.01, 3.42, 4.01-4.013, 4.015, 4.021, 4.03, 4.032, 4.06, 4.462, 4.463, 5.156
操作(Operation)　4.1273, 5.21-5.23, 5.232-5.251, 5.2521, 5.2523-5.3, 5.32, 5.41, 5.442, 5.4611, 5.47, 5.474, 5.5, 5.503, 5.54, 6.001-6.01, 6.021, 6.126
相貌(Zug)　4.1221, 4.126

た　行

体系(System)(「記号体系」の項も参照のこと)　5.555, 6.341, 6.372
対象(Gegenstand)　2.01, 2.0121, 2.0123-2.0124, 2.0131-2.02, 2.021, 2.023-2.0233, 2.0251-2.032, 2.13, 2.131, 2.15121, 3.1431, 3.2, 3.203-3.221, 3.322, 3.3411, 4.023, 4.0312, 4.1211, 4.122, 4.123, 4.126, 4.127, 4.1272, 4.12721, 4.2211, 4.431, 4.441, 4.466, 5.02, 5.123, 5.1511, 5.4, 5.44, 5.524, 5.526, 5.53-5.5302, 5.541, 5.542, 5.5561, 6.3431
タイプ(Type)　5.252, 6.123
——理論(Theory of Types)　3.331, 3.332
確からしい(wahrscheinlich)(「確実」の項も参照のこと)　5.153, 5.154
魂(Seele)　5.5421, 6.4312
多様性(Mannigfaltigkeit)　4.04-4.0412, 5.475
単純(einfach)　2.02, 3.24, 4.21, 4.24, 5.4541, 5.553, 5.5563, 6.341, 6.342, 6.363, 6.3631
——記号(Zeichen)　3.201, 3.202, 3.21, 3.23, 4.026
知覚(wahrnehmbar, wahrnehmen)　3.1, 3.11, 3.32, 5.5423
置換(書き換える)(ersetzen)　3.344, 3.3441, 4.241, 6.23, 6.24

超越論的(transzendental)　6.13, 6.421
沈黙(schweigen)　p.9, 7
定義(Definition, definieren)　3.24, 3.26, 3.261, 3.343, 4.241, 5.42, 5.451, 5.452, 5.5302, 6.02, 6.241
定項(konstant, Konstante)(「論理定項」の項も参照のこと)　3.312, 3.313, 4.126, 5.501, 5.522
適用(用いる)(anwenden, Anwendung)(「使用」「反復適用」の項も参照のこと)　3.202, 3.323, 5.152, 5.452, 5.5521, 5.557, 6.123
哲学(Philosophie, philosophisch)　p.9, 3.324, 3.3421, 4.003, 4.0031, 4.111-4.115, 4.122, 4.128, 5.641, 6.113, 6.211, 6.53
問い(Frage)　4.003, 4.1274, 5.55, 5.551, 5.5542, 5.62, 6.1233, 6.211, 6.233, 6.422, 6.5, 6.51, 6.52
同一(同一性，同じ)(identisch, Identität, Gleichheit)　2.161, 3.323, 4.003, 4.0411, 4.465, 5.41, 5.42, 5.473, 5.4733, 5.53, 5.5301, 5.5303, 5.5352, 6.2322, 6.3751
等号(Gleichheitszeichen)　3.323, 5.53, 5.5301, 5.533, 6.23, 6.232
等式(Gleichung)　4.241, 6.2, 6.22, 6.232, 6.2323, 6.2341, 6.24
独我論(Solipsismus)　5.62, 5.64
トートロジー(Tautologie, tautologisch)　4.46-4.4661, 5.101, 5.1362, 5.142, 5.143, 5.152, 5.525, 6.1, 6.12-6.1203, 6.1221, 6.1231, 6.124, 6.126, 6.1262, 6.127, 6.22, 6.3751

な　行

名(Name)　3.142, 3.143, 3.144, 3.202, 3.203, 3.22, 3.26, 3.261, 3.3, 3.314, 3.3411, 4.0311, 4.126, 4.1272, 4.22, 4.221, 4.23, 4.24, 4.243, 4.5, 5.02, 5.526, 5.535, 5.55, 6.124
内的
(inner)　4.0141, 5.1311, 5.1362
(intern)　2.01231, 3.24, 4.014, 4.023, 4.122-4.124, 4.125-4.1252, 5.131, 5.2, 5.21, 5.231, 5.232
内容(Inhalt)　2.025, 3.13, 3.31
謎(Rätsel)　6.4312, 6.5

ナンセンス(Unsinn, unsinnig)　p.10, 3.24, 4.003, 4.124, 4.1272, 4.1274, 4.4611, 5.473, 5.5303, 5.5351, 5.5422, 5.5571, 6.51, 6.54
二元論(Dualismus)　4.128
似姿(Gleichnis)　4.012, 4.015
日常言語(Umgangssprache)　3.323, 4.002, 5.5563
ニュートン力学(Newtonsche Mechanik)　6.341, 6.342
人間(Mensch)　4.002, 5.641, 6.1232, 6.4312
認識論(Erkenntnistheorie)　4.1121, 5.541

は　行

梯子(Leiter)　6.54
判断(Beurteilung, urteilen)　4.063, 5.5422
判断線(Urteilstrich)　4.442
反復適用(くりかえし適用する)(successive Anwendung)　5.2521, 5.2523, 5.32, 5.5, 6.001, 6.126
美(Ästhetik, Schöne)　4.003, 6.421
必然性(Notwendigkeit)　5.1362, 6.37, 6.375
否定
　(Negation)　5.5, 5.502
　(Negativ)　5.513
　(negativ)　2.06, 4.063, 4.463
　(verneinen, Verneinung)　3.42, 4.0621, 4.064, 4.0641, 5.1241, 5.2341, 5.254, 5.44, 5.451, 5.5, 5.512, 5.514, 6.231
否定的事実(negative Tatsache)　2.06, 4.063, 5.5151
表記法(Notation)　3.342, 3.3441, 5.474, 5.512–5.514, 6.1203, 6.122, 6.1223
表現(Ausdruck)　p.9, 3.31–3.314, 3.318, 3.323, 3.33, 4.03, 4.126, 4.1273, 4.242, 4.243, 4.431, 5.525, 5.526, 5.5351, 6.23, 6.232, 6.2322, 6.2323, 6.24
表象する(vorstellen)　5.631
非論理的(論理に反する)(unlogisch)　3.03, 3.031, 5.4731
不可能(unmöglich)　4.464, 5.525, 6.375

複合(komplex, Komplex)　2.0201, 3.1432, 3.24, 3.3442, 4.1272, 4.2211, 4.441, 5.515, 5.5423
不幸な(unglücklich)　6.43
不死(Unsterblichkeit)　6.4312
物理(物理学)(Physik, physikalisch)　3.0321, 6.321, 6.341, 6.3431, 6.374, 6.3751
不変(fest, Feste)　2.023, 2.026-2.0271
『プリンキピア・マテマティカ』(*Principia Mathematica*)　5.452
分析(Analyse, analysieren)　3.201, 3.25, 3.3442, 4.1274, 4.221, 5.5562
分析命題(analytischer Satz)　6.11
分節化された(artikuliert, gegliedert)　3.141, 3.251, 4.032
冪(Exponent)　6.021
変項(Variable)　3.312-3.317, 4.0411, 4.126-4.1272, 4.1273, 4.53, 5.24, 5.242, 5.2522, 5.501, 5.502, 6.022
法則(Gesetz)　3.031-3.0321, 4.0141, 5.132, 5.154, 5.43, 5.452, 5.501, 6.123, 6.127, 6.1271, 6.3-6.33, 6.3431, 6.35, 6.36, 6.361, 6.362, 6.363, 6.371, 6.372, 6.422
本質(Wesen, wesentlich, unwesentlich)　p.11, 2.011, 3.143, 3.1431, 3.31, 3.317, 3.34-3.3421, 4.013, 4.016, 4.027, 4.03, 4.112, 4.1121, 4.465, 4.5, 5.3, 5.471, 5.4711, 5.501, 5.533, 6.1232, 6.124, 6.126, 6.127, 6.232, 6.2341
翻訳(übersetzen, Übersetzung)　3.343, 4.0141, 4.025, 4.243

ま　行

ミクロコスモス(Mikrokosmos)　5.63
未来(Zukunft, zukünftig)　5.1361, 5.1362
無意味(sinnlos)　4.461, 5.132, 5.1362, 5.5351
無限(限りない)(unendlich)　2.0131, 4.2211, 4.463, 5.43, 5.511, 5.535
無限公理(Axiom of Infinity)　5.535
無時間性(Unzeitlichkeit)　6.4311

矛盾(Kontradiktion, kontradiktorisch)　4.46-4.464, 4.466, 4.4661, 5.101, 5.143, 5.152, 5.525, 6.1202, 6.3751
矛盾律(Gesetz des Widerspruchs)　6.1203, 6.123
眼(Auge)　5.633, 5.6331
命題記号(Satzzeichen)　3.12, 3.14, 3.143, 3.1431, 3.2, 3.21, 3.332, 3.34, 3.41, 3.5, 4.02, 4.44, 4.442, 5.31
命題形式(Satzform)　4.5, 4.53, 5.1311, 5.156, 5.47, 5.471, 5.472, 5.54, 5.541
命題変項(Satzvariable)　3.313, 3.314, 3.316, 3.317, 4.126, 4.127, 5.502
目印(Index)　4.0411, 5.02
模型(Modell)　2.12, 4.01, 4.04
もの
(Ding)　1.1, 2.01-2.0122, 2.013, 2.02331, 2.151, 3.1431, 3.221, 4.0311, 4.063, 4.1272, 4.243, 5.5301, 5.5303, 5.5351, 5.5352, 5.553, 5.634, 6.1231, 6.1263
(Sache)　2.01, 2.15, 2.1514, 4.1272
物差し(Maßstab)　2.1512

や　行

矢(Pfeil)　3.144, 4.461
有意味(sinnvoll)　3.13, 3.326, 3.4, 4, 4.243, 5.1241, 5.525, 6.1263, 6.1264, 6.31
有限(endlich)　5.32
要素(Element, elementar)(「構成要素」の項も参照のこと)　2.13-2.14, 2.15, 2.151, 2.1514, 2.1515, 3.14, 3.2, 3.201, 3.24, 3.42
要素命題(Elementarsatz)　4.21-4.221, 4.23, 4.24, 4.243-4.26, 4.28-4.42, 4.431, 4.45, 4.46, 4.51, 4.52, 5.01, 5.101, 5.134, 5.152, 5.234, 5.3-5.32, 5.41, 5.47, 5.5, 5.524, 5.5262, 5.55, 5.555-5.5562, 5.557, 5.5571, 6.001, 6.124, 6.3751

ら 行

ラッセルのパラドクス(Russells Paradox)　3.333
理解(Verständnis, verstehen)　p.9, 3.263, 3.334, 4.002, 4.003, 4.016-4.021, 4.024, 4.026, 4.1213, 4.243, 4.411, 5.02, 5.451, 5.521, 5.552, 5.5562, 5.62, 6.54
力学(Mechanik)　4.04, 6.321, 6.341-6.343, 6.3432
『力学』(*Mechanik*)　4.04
理由律(Satz vom Grunde)　6.34, 6.35
領域(Ort)　3.4-3.42, 4.0641
両立不可能(widersprechen, Widerspruch)　4.1211, 4.211, 5.1241, 6.1201, 6.3751
倫理(倫理学)(Ethik, ethisch)　6.42-6.423
零位法(Nullmethode)　6.121
論理(Logik)　p.9, 2.012, 2.0121, 3.032, 4.002, 4.003, 4.015, 4.0312, 4.1121, 4.12, 4.1213, 4.128, 5.45-5.4541, 5.472-5.4731, 5.511, 5.551-5.5521, 5.555, 5.557, 5.61, 6.113, 6.12, 6.1233, 6.124-6.1251, 6.13, 6.22, 6.234
論理(logisch)
　——空間(Raum)　1.13, 2.11, 2.202, 3.4, 3.42, 4.463
　——形式(Form)　2.0233, 2.18, 2.181, 2.2, 3.315, 3.327, 4.0031, 4.12, 4.121, 4.128, 5.555, 6.23, 6.33
　——像(Bild)　2.181-2.19, 3, 4.03
　——定項(Konstante)　4.0312, 5.4, 5.441, 5.47
　——的真理(Wahrheit)　6.1223
　——的対象(Gegenstand)　4.441, 5.4
　——的文法(Grammatik)　3.325
　——法則(Gesetz)　3.031, 6.123, 6.1271, 6.31
　——命題(Satz)　6.112, 6.113, 6.121, 6.122, 6.1222, 6.1231, 6.1232, 6.124, 6.125, 6.126, 6.1263, 6.1271
論理学(Logik)　4.126, 5.02, 5.43, 5.45, 6.1-6.111, 6.12, 6.121, 6.1222, 6.1224, 6.124, 6.126-6.2, 6.22, 6.3, 6.342

わ　行

私の言語(meine Sprache)　5.6
私の世界(meine Welt)　5.6, 5.62, 5.63, 5.641

論理哲学論考《ろんりてつがくろんこう》　ウィトゲンシュタイン著

2003年8月19日　第1刷発行
2025年8月6日　第35刷発行

訳者　野矢茂樹《のやしげき》

発行者　坂本政謙

発行所　株式会社 岩波書店
〒101-8002 東京都千代田区一ツ橋 2-5-5

案内 03-5210-4000　営業部 03-5210-4111
文庫編集部 03-5210-4051
https://www.iwanami.co.jp/

印刷・三秀舎　カバー・精興社　製本・中永製本

ISBN 978-4-00-336891-6　Printed in Japan

読書子に寄す

——岩波文庫発刊に際して——

岩波茂雄

真理は万人によって求められることを自ら欲し、芸術は万人によって愛されることを自ら望む。かつては民を愚昧ならしめるために学芸が最も狭き堂宇に閉鎖されたことがあった。今や知識と美とを特権階級の独占より奪い返すことはつねに進取的なる民衆の切実なる要求である。岩波文庫はこの要求に応じそれに励まされて生まれた。それは生命ある不朽の書を少数者の書斎と研究室とより解放して街頭にくまなく立たしめ民衆に伍せしめるであろう。近時大量生産予約出版の流行を見る。その広告宣伝の狂態はしばらくおくも、後代にのこすと誇称する全集がその編集に万全の用意をなしたるか。千古の典籍の翻訳企図に敬虔の態度を欠かざりしか。さらに分売を許さず読者を繫縛して数十冊を強うるがごとき、はたしてその揚言する学芸解放のゆえんなりや。吾人は天下の名士の声に和してこれを推挙するに躊躇するものである。このときにあたって、岩波書店は自己の責務のいよいよ重大なるを思い、従来の方針の徹底を期するため、すでに十数年以前より志して来た計画を慎重審議この際断然実行することにした。吾人は範をかのレクラム文庫にとり、古今東西にわたって文芸・哲学・社会科学・自然科学等種類のいかんを問わず、いやしくも万人の必読すべき真に古典的価値ある書をきわめて簡易なる形式において逐次刊行し、あらゆる人間に須要なる生活向上の資料、生活批判の原理を提供せんと欲する。この文庫は予約出版の方法を排したるがゆえに、読者は自己の欲する時に自己の欲する書物を各個に自由に選択することができる。携帯に便にして価格の低きを最主とするがゆえに、外観を顧みざるも内容に至っては厳選最も力を尽くし、従来の岩波出版物の特色をますます発揮せしめようとする。この計画たるや世間の一時の投機的なるものと異なり、永遠の事業として吾人は微力を傾倒し、あらゆる犠牲を忍んで今後永久に継続発展せしめ、もって文庫の使命を遺憾なく果たさしめることを期する。芸術を愛し知識を求むる士の自ら進んでこの挙に参加し、希望と忠言とを寄せられることは吾人の熱望するところである。その性質上経済的には最も困難多きこの事業にあえて当たらんとする吾人の志を諒として、その達成のため世の読書子とのうるわしき共同を期待する。

昭和二年七月

《哲学・教育・宗教》〔青〕

ソクラテスの弁明・クリトン　プラトン　久保勉訳
ゴルギアス　プラトン　加来彰俊訳
饗宴　プラトン　久保勉訳
テアイテトス　プラトン　田中美知太郎訳
パイドロス　プラトン　藤沢令夫訳
メノン　プラトン　藤沢令夫訳
国家　全二冊　プラトン　藤沢令夫訳
プロタゴラス　―ソフィストたち　プラトン　藤沢令夫訳
アナバシス　―敵中横断六〇〇〇キロ　クセノポン　松平千秋訳
アリストテレス　ニコマコス倫理学　全二冊　高田三郎訳
アリストテレス　形而上学　全二冊　出隆訳
アリストテレス　弁論術　戸塚七郎訳
アリストテレース　詩学　ホラーティウス　詩論　松本仁助・岡道男訳
物の本質について　ルクレーティウス　樋口勝彦訳
エピクロス　―教説と手紙　出隆・岩崎允胤訳
生の短さについて　他二篇　セネカ　大西英文訳

怒りについて　他二篇　セネカ　兼利琢也訳
エピクテトス　人生談義　全二冊　國方栄二訳
人さまざま　テオプラストス　森進一訳
マルクス・アウレーリウス　自省録　神谷美恵子訳
老年について　キケロー　中務哲郎訳
友情について　キケロー　中務哲郎訳
弁論家について　全二冊　キケロー　大西英文訳
平和の訴え　エラスムス　箕輪三郎訳
エラスムス＝トマス・モア往復書簡　沓掛良彦・高田康成訳
方法序説　デカルト　谷川多佳子訳
哲学原理　デカルト　桂寿一訳
精神指導の規則　デカルト　野田又夫訳
情念論　デカルト　谷川多佳子訳
パンセ　全三冊　パスカル　塩川徹也訳
パスカル　小品と手紙　塩川徹也・望月ゆか訳
スピノザ　神学・政治論　全二冊　畠中尚志訳
知性改善論　スピノザ　畠中尚志訳

スピノザ　エチカ（倫理学）　全二冊　畠中尚志訳
スピノザ　国家論　畠中尚志訳
スピノザ往復書簡集　畠中尚志訳
デカルトの哲学原理　―附　形而上学的思想　スピノザ　畠中尚志訳
スピノザ　神・人間及び人間の幸福に関する短論文　畠中尚志訳
モナドロジー　他二篇　ライプニッツ　谷川多佳子・岡部英男訳
形而上学叙説　他五篇　ライプニッツ　佐々木能章訳
ノヴム・オルガヌム（新機関）　ベーコン　桂寿一訳
市民の国について　全二冊　ヒューム　小松茂夫訳
自然宗教をめぐる対話　ヒューム　犬塚元訳
君主の統治について　―謹んでキプロス王に捧げる　トマス・アクィナス　柴田平三郎訳
精選　神学大全　全四冊　トマス・アクィナス　稲垣良典・山本芳久編／訳
エミール　全三冊　ルソー　今野一雄訳
人間不平等起原論　ルソー　本田喜代治・平岡昇訳
ルソー　社会契約論　桑原武夫・前川貞次郎訳
言語起源論　―旋律と音楽的模倣について　ルソー　増田真訳
道徳形而上学の基礎づけ　カント　大橋容一郎訳

- 啓蒙とは何か 他四篇　カント　篠田英雄訳
- 純粋理性批判 全三冊　カント　篠田英雄訳
- 判断力批判 全二冊　カント　篠田英雄訳
- 永遠平和のために　カント　宇都宮芳明訳
- 人倫の形而上学 全二冊　カント　熊野純彦・宮村悠介訳
- シュライエルマッハー 独白　木場深定訳
- ヘーゲル 政治論文集 全二冊　金子武蔵訳
- 哲学史序論 —哲学と哲学史　ヘーゲル　武市健人訳
- 歴史哲学講義 全二冊　ヘーゲル　長谷川宏訳
- 法の哲学 —自然法と国家学の要綱 全二冊　ヘーゲル　上妻精・佐藤康邦・山田忠彰訳
- 学問論　シェリング　西川富雄・藤田正勝監訳
- 自殺について 他四篇　ショーペンハウアー　藤野寛訳
- 読書について 他二篇　ショウペンハウエル　斎藤忍随訳
- 不安の概念　キェルケゴール　斎藤信治訳
- 死に至る病　キェルケゴール　斎藤信治訳
- 体験と創作 全二冊　ディルタイ　柴田治三郎・小牧健夫訳
- 眠られぬ夜のために 全二冊　ヒルティ　草間平作・大和邦太郎訳

- 幸福論 全三冊　ヒルティ　草間平作・大和邦太郎訳
- 悲劇の誕生　ニーチェ　秋山英夫訳
- ツァラトゥストラはこう言った 全二冊　ニーチェ　氷上英廣訳
- 道徳の系譜　ニーチェ　木場深定訳
- 善悪の彼岸　ニーチェ　木場深定訳
- この人を見よ　ニーチェ　手塚富雄訳
- プラグマティズム　W・ジェイムズ　桝田啓三郎訳
- 宗教的経験の諸相 全二冊　W・ジェイムズ　桝田啓三郎訳
- 日常生活の精神病理　フロイト　高田珠樹訳
- 精神分析入門講義 全二冊　フロイト　高田珠樹・新宮一成・須藤訓任・道籏泰三訳
- 純粋現象学及現象学的哲学考案 全二冊　フッセル　池上鎌三訳
- デカルト的省察　フッサール　浜渦辰二訳
- 愛の断想・日々の断想　ジンメル　清水幾太郎訳
- ジンメル宗教論集　深澤英隆編訳
- 笑い　ベルクソン　林達夫訳
- 道徳と宗教の二源泉　ベルクソン　平山高次訳
- 物質と記憶　ベルクソン　熊野純彦訳

- 時間と自由　ベルクソン　中村文郎訳
- ラッセル教育論　安藤貞雄訳
- ラッセル幸福論　安藤貞雄訳
- 存在と時間 全四冊　ハイデガー　熊野純彦訳
- 学校と社会　デューイ　宮原誠一訳
- 民主主義と教育 全二冊　デューイ　松野安男訳
- 我と汝・対話　マルティン・ブーバー　植田重雄訳
- アラン 幸福論　神谷幹夫訳
- アラン 定義集　神谷幹夫訳
- 天才の心理学　E・クレッチュマー　内村祐之訳
- 英語発達小史　H・ブラッドリ　寺澤芳雄訳
- 日本の弓術　オイゲン・ヘリゲル述　柴田治三郎訳
- ギリシア哲学者列伝 全三冊　ディオゲネス・ラエルティオス　加来彰俊訳
- 似て非なる友について 他三篇　プルタルコス　柳沼重剛訳
- エジプト神イシスとオシリスの伝説について　プルタルコス　柳沼重剛訳
- ことばのロマンス —英語の語源　ウィークリー　寺澤芳雄・出淵博訳
- ヴィーコ 学問の方法　上村忠男・佐々木力訳

国家と神話 全二冊　カッシーラー　熊野純彦訳
天才・悪　ブレンターノ　篠田英雄訳
人間の頭脳活動の本質 他一篇　ディーツゲン　小松摂郎訳
反啓蒙思想 他二篇　バーリン　松本礼二編
マキアヴェッリの独創性 他三篇　バーリン　川出良枝編
ロシア・インテリゲンツィヤの誕生 他五篇　バーリン　桑野隆編
論理哲学論考　ウィトゲンシュタイン　野矢茂樹訳
自由と社会的抑圧　シモーヌ・ヴェイユ　冨原眞弓訳
根をもつこと 全二冊　シモーヌ・ヴェイユ　冨原眞弓訳
重力と恩寵　シモーヌ・ヴェイユ　冨原眞弓訳
全体性と無限 全二冊　レヴィナス　熊野純彦訳
啓蒙の弁証法 —哲学的断想　M・ホルクハイマー T・W・アドルノ　徳永恂訳
ヘーゲルからニーチェへ 十九世紀思想における革命的断絶 全二冊　レーヴィット　三島憲一訳
統辞構造論 付『言語理論の論理構造』序論　チョムスキー　福井直樹 辻子美保子訳
統辞理論の諸相 方法論序説　チョムスキー　辻子美保子 福井直樹訳
快楽について　ロレンツォ・ヴァッラ　近藤恒一訳
ニーチェ みずからの時代と闘う者　ルドルフ・シュタイナー　高橋巖訳

フランス革命期の公教育論　コンドルセ他　阪上孝編訳
人間の教育 全二冊　フレーベル　荒井武訳
旧約聖書 創世記　関根正雄訳
旧約聖書 出エジプト記　関根正雄訳
旧約聖書 ヨブ記　関根正雄訳
旧約聖書 詩篇　関根正雄訳
新約聖書 福音書　塚本虎二訳
文語訳 新約聖書 詩篇付
文語訳 旧約聖書 全四冊
キリストにならいて　トマス・ア・ケンピス　大沢章 呉茂一訳
聖アウグスティヌス 告白 全二冊　服部英次郎訳
アウグスティヌス 神の国 全五冊　服部英次郎 藤本雄三訳
新訳 キリスト者の自由・聖書への序言　マルティン・ルター　石原謙訳
キリスト教と世界宗教　シュヴァイツェル　鈴木俊郎訳
カルヴァン小論集　波木居斉二編訳
聖なるもの　オットー　久松英二訳
キリスト教と世界宗教　シュヴァイツェル　鈴木俊郎訳

コーラン 全三冊　井筒俊彦訳
エックハルト説教集　田島照久編訳
ムハンマドのことば ハディース　小杉泰編訳
新約聖書外典 ナグ・ハマディ文書抄　荒井献 大貫隆 小林稔 筒井賢治 編訳
後期資本主義における正統化の問題　ハーバーマス　山田正行・金慧訳
シンボルの哲学 —理性、祭礼、芸術のシンボル試論　S・K・ランガー　塚本明子訳
ジャック・ラカン 精神分析の四基本概念 全二冊　ジャック＝アラン・ミレール 編　小出浩之 新宮一成 鈴木國文 小川豊昭 訳
精神と自然 生きた世界の認識論　グレゴリー・ベイトソン　佐藤良明訳
精神の生態学へ 全三冊　グレゴリー・ベイトソン　佐藤良明訳
他者の単一言語使用 —あるいは起源の補綴　デリダ　守中高明訳
アデュー —エマニュエル・レヴィナスへ　デリダ　藤本一勇訳
人間の知的能力に関する試論 全二冊　トマス・リード　戸田剛文訳
開かれた社会とその敵 全四冊　カール・ポパー　小河原誠訳
人類歴史哲学考 全五冊　ヘルダー　嶋田洋一郎訳
道徳的人間と非道徳的社会　ラインホールド・ニーバー　千葉眞訳
ロシアの革命思想 —その歴史的展開　ゲルツェン　長縄光男訳

過去と思索 全七冊

ゲルツェン
金子幸彦
長縄光男 訳

2025, 2　F-4

《東洋思想》〔青〕

易経 全二冊　高田真治・後藤基巳訳
論語　金谷治訳注
孔子家語　藤原正校訳
孟子 全二冊　小林勝人訳注
老子　蜂屋邦夫訳注
荘子 全四冊　金谷治訳注
新訂 孫子　金谷治訳注
荀子 全二冊　金谷治訳注
韓非子 全四冊　金谷治訳注
孝経・曾子　末永高康訳注
史記列伝 全五冊　司馬遷　小川環樹・今鷹真・福島吉彦訳
春秋左氏伝 全三冊　小倉芳彦訳
塩鉄論　曾我部静雄訳註
千字文　小川環樹・木田章義注解
大学・中庸　金谷治訳注
仁学—清末の社会変革論　譚嗣同　西順蔵・坂元ひろ子訳注
章炳麟集—清末の民族革命思想　西順蔵・近藤邦康編訳
梁啓超文集　岡本隆司・石川禎浩・高嶋航編訳
厳復 天演論　坂元ひろ子・高柳信夫監訳
ガンディー 獄中からの手紙　森本達雄訳
真の独立への道（ヒンド・スワラージ）　M.K.ガーンディー　田中敏雄訳
随園食単　袁枚　青木正児訳註
カウティリヤ実利論—古代インドの帝王学 全二冊　カウティリヤ　上村勝彦訳
ウパデーシャ・サーハスリー—真実の自己の探求　シャンカラ　前田専学訳

《仏教》〔青〕

ブッダのことば—スッタニパータ　中村元訳
ブッダの真理のことば 感興のことば　中村元訳
般若心経・金剛般若経　中村元・紀野一義訳註
法華経 全三冊　坂本幸男・岩本裕訳注
日蓮文集　兜木正亨校注
浄土三部経 全二冊　中村元・早島鏡正・紀野一義訳註
大乗起信論　宇井伯寿・高崎直道訳注
臨済録　入矢義高訳注
碧巌録 全三冊　入矢義高・溝口雄三・末木文美士・伊藤文生訳注
無門関　西村恵信訳注
法華義疏 全二冊　聖徳太子　花山信勝校訳
往生要集 全二冊　源信　石田瑞麿訳注
教行信証　親鸞　金子大栄校訂
歎異抄　金子大栄校注
正法眼蔵 全四冊　道元　水野弥穂子校注
正法眼蔵随聞記　懐奘編　和辻哲郎校訂
道元禅師清規　大久保道舟訳注
一遍上人語録—付 播州法語集　大橋俊雄校注
一遍聖絵　聖戒編　大橋俊雄校注
南無阿弥陀仏—付 心偈　柳宗悦
蓮如上人御一代聞書　稲葉昌丸校訂
日本的霊性　鈴木大拙　篠田英雄校訂
新編 東洋的な見方　鈴木大拙　上田閑照編
大乗仏教概論　鈴木大拙　佐々木閑訳
浄土系思想論　鈴木大拙

神秘主義 キリスト教と仏教　鈴木大拙　坂東性純・清水守拙訳
禅の思想　鈴木大拙
ブッダ最後の旅 —大パリニッバーナ経—　中村元訳
仏弟子の告白 —テーラガーター—　中村元訳
尼僧の告白 —テーリーガーター—　中村元訳
ブッダ 神々との対話 —サンユッタ・ニカーヤI—　中村元訳
ブッダ 悪魔との対話 —サンユッタ・ニカーヤII—　中村元訳
禅林句集　足立大進校注
ブッダが説いたこと　ワールポラ・ラーフラ　今枝由郎訳
ブータンの瘋狂聖 ドゥクパ・クンレー伝　ゲンドゥン・リンチェン編　今枝由郎訳
梵文和訳 華厳経入法界品　梶山雄一・丹治昭義・津田真一・田村智淳・桂紹隆訳注

《音楽・美術》〔青〕

ベートーヴェンの生涯　ロマン・ロラン　片山敏彦訳
音楽と音楽家　シューマン　吉田秀和訳
レオナルド・ダ・ヴィンチの手記 全二冊　杉浦明平訳
ゴッホの手紙 全三冊　硲伊之助訳
視覚的人間 —映画のドラマツルギー—　ベラ・バラージュ　佐々木基一・高村宏訳
『パンチ』素描集 —十九世紀のロンドン—　松村昌家編
ヨーロッパのキリスト教美術 —十二世紀から十八世紀まで— 全二冊　エミール・マール　柳宗玄・荒木成子訳
近代日本漫画百選　清水勲編
河鍋暁斎　ジョサイア・コンドル　山口静一訳
伽藍が白かったとき　ル・コルビュジエ　生田勉・樋口清訳
ミレー　ロマン・ロラン　蛯原徳夫訳
日本の近代美術　土方定一
映画とは何か 全二冊　アンドレ・バザン　野崎歓・大原宣久・谷本道昭訳
漫画 坊っちゃん　近藤浩一路
漫画 吾輩は猫である　近藤浩一路
ロバート・キャパ写真集　ICPロバート・キャパ・アーカイブ編
北斎 富嶽三十六景　日野原健司編
日本漫画史 —鳥獣戯画から岡本一平まで—　細木原青起
世紀末ウィーン文化評論集　ヘルマン・バール　西村雅樹編訳
ゴヤの手紙 全二冊　大高保二郎・松原典子編訳
丹下健三都市論集　豊川斎赫編
ギリシア芸術模倣論　ヴィンケルマン　田邊玲子訳
堀口捨己建築論集　藤岡洋保編
チェンニーノ・チェンニーニ 絵画術の書　辻茂編訳　石原靖夫・望月一史訳

《法律・政治》〔白〕

- 人権宣言集　高木八尺・末延三次・宮沢俊義 編
- 新版 世界憲法集 第二版　高橋和之 編
- 君主論　マキァヴェッリ　河島英昭 訳
- フィレンツェ史 全二冊　マキァヴェッリ　齊藤寛海 訳
- リヴァイアサン 全四冊　ホッブズ　水田洋 訳
- ビヒモス　ホッブズ　山田園子 訳
- 法の精神 全三冊　モンテスキュー　野田良之・稲本洋之助・上原行雄・田中治男・三辺博之・横田地弘 訳
- 完訳 統治二論　ジョン・ロック　加藤節 訳
- 寛容についての手紙　ジョン・ロック　加藤節・李静和 訳
- キリスト教の合理性　ジョン・ロック　加藤節 訳
- ルソー 社会契約論　桑原武夫・前川貞次郎 訳
- フランス二月革命の日々 ―トクヴィル回想録　トクヴィル　喜安朗 訳
- アメリカのデモクラシー 全四冊　トクヴィル　松本礼二 訳
- リンカーン演説集　高木八尺・斎藤光 訳
- 権利のための闘争　イェーリング　村上淳一 訳
- 近代人の自由と古代人の自由・征服の精神と簒奪 他一篇　コンスタン　堤林剣・堤林恵 訳
- 民主主義の本質と価値 他一篇　ハンス・ケルゼン　長尾龍一・植田俊太郎 訳
- 危機の二十年 ―理想と現実　E・H・カー　原彬久 訳
- アメリカの黒人演説集 ―キング・マルコムX・モリスン 他　荒このみ 編訳
- モーゲンソー 国際政治 ―権力と平和 全三冊　原彬久 監訳
- ポリアーキー　ロバート・A・ダール　高畠通敏・前田脩 訳
- 現代議会主義の精神史的状況 他一篇　カール・シュミット　樋口陽一 訳
- 政治的なものの概念　カール・シュミット　権左武志 訳
- 政治的神学 ―主権論四章　カール・シュミット　権左武志 訳
- 第二次世界大戦外交史 全二冊　芦田均
- 憲法講話　美濃部達吉
- 日本国憲法　長谷部恭男 解説
- 民主体制の崩壊 ―危機・崩壊・再均衡　ファン・リンス　横田正顕 訳
- 憲法　鵜飼信成

《経済・社会》〔白〕

- 政治算術　ペティ　大内兵衛・松川七郎 訳
- 国富論 全四冊　アダム・スミス　水田洋 監訳　杉山忠平 訳
- 道徳感情論 全二冊　アダム・スミス　水田洋 訳
- 法学講義　アダム・スミス　水田洋 訳
- コモン・センス 他三篇　トーマス・ペイン　小松春雄 訳
- 経済学における諸定義　マルサス　玉野井芳郎 訳
- オウエン自叙伝　ロバアト・オウエン　五島茂 訳
- 戦争論 全三冊　クラウゼヴィッツ　篠田英雄 訳
- 自由論　J・S・ミル　関口正司 訳
- 女性の解放　J・S・ミル　大内兵衛・大内節子 訳
- 大学教育について　J・S・ミル　竹内一誠 訳
- 功利主義　J・S・ミル　関口正司 訳
- ロンバード街 ―ロンドンの金融市場　バジョット　宇野弘蔵 訳
- イギリス国制論 全二冊　バジョット　遠山隆淑 訳
- ユダヤ人問題によせて ヘーゲル法哲学批判序説　マルクス　城塚登 訳
- 経済学・哲学草稿　マルクス　城塚登・田中吉六 訳
- 新編輯版 ドイツ・イデオロギー　マルクス・エンゲルス　廣松渉 編訳　小林昌人 補訳
- マルクス エンゲルス 共産党宣言　大内兵衛・向坂逸郎 訳
- 賃労働と資本　マルクス　長谷部文雄 訳
- 賃銀・価格および利潤　マルクス　長谷部文雄 訳

- マルクス 経済学批判　武田隆夫・遠藤湘吉・大内力・加藤俊彦訳
- マルクス 資本論 全九冊　エンゲルス編 向坂逸郎訳
- 裏切られた革命　トロツキー 藤井一行訳
- 文学と革命 全二冊　トロツキイ 桑野隆訳
- ロシア革命史 全五冊　トロツキー 藤井一行訳
- トロツキー わが生涯 全二冊　森田成也・志田昇訳
- 空想より科学へ ―社会主義の発展　エンゲルス 大内兵衛訳
- 帝国主義　レーニン 宇高基輔訳
- 国家と革命　レーニン 宇高基輔訳
- 雇用、利子および貨幣の一般理論 全二冊　ケインズ 間宮陽介訳
- シュムペーター 経済発展の理論 全二冊　塩野谷祐一・中山伊知郎・東畑精一訳
- シュムペーター 経済学史 ―学説ならびに方法の諸段階　中山伊知郎・東畑精一訳
- 日本資本主義分析　山田盛太郎
- 恐慌論　宇野弘蔵
- 経済原論　宇野弘蔵
- 資本主義と市民社会 他十四篇　大塚久雄 齋藤英里編
- 共同体の基礎理論 他六篇　大塚久雄 小野塚知二編

- 言論・出版の自由 ―アレオパジティカ 他一篇　ミルトン 原田純訳
- ユートピアだより　ウィリアム・モリス 川端康雄訳
- 有閑階級の理論　ヴェブレン 小原敬士訳
- 社会科学と社会政策にかかわる認識の「客観性」　マックス・ヴェーバー 富永祐治・立野保男訳 折原浩補訳
- プロテスタンティズムの倫理と資本主義の精神　マックス・ヴェーバー 大塚久雄訳
- 職業としての学問　マックス・ヴェーバー 尾高邦雄訳
- 社会学の根本概念　マックス・ヴェーバー 清水幾太郎訳
- 職業としての政治　マックス・ヴェーバー 脇圭平訳
- 古代ユダヤ教 全三冊　マックス・ヴェーバー 内田芳明訳
- 支配について 全二冊　マックス・ウェーバー 野口雅弘訳
- 宗教と資本主義の興隆 歴史的研究 全二冊　トーニー 出口勇蔵・越智武臣訳
- 世論 全二冊　リップマン 掛川トミ子訳
- 贈与論 他二篇　マルセル・モース 森山工訳
- 国民論 他二篇　マルセル・モース 森山工編訳
- ヨーロッパの昔話 その形と本質　マックス・リュティ 小澤俊夫訳
- 独裁と民主政治の社会的起源 ―近代世界形成過程における領主と農民 全二冊　バリントン・ムーア 宮崎隆次・森山茂徳・高橋直樹訳
- 大衆の反逆　オルテガ・イ・ガセット 佐々木孝訳

- シャドウ・ワーク　イリイチ 玉野井芳郎・栗原彬訳
- 女らしさの神話 全二冊　ベティ・フリーダン 荻野美穂訳

《自然科学》〔青〕

- ヒポクラテス医学論集　國方栄二編訳
- 科学と仮説　ポアンカレ 河野伊三郎訳
- コペルニクス 天体の回転について　コペルニクス 矢島祐利訳
- 新科学論議 全二冊　ガリレオ・ガリレイ 田中一郎訳
- ロウソクの科学　ファラデー 竹内敬人訳
- 種の起原 全二冊　ダーウィン 八杉龍一訳
- 自然発生説の検討　パストゥール 山口清三郎訳
- 科学談義　T・H・ハックスリ 小泉丹訳
- メンデル 雑種植物の研究　岩槻邦男・須原準平訳
- アインシュタイン 相対性理論　内山龍雄訳・解説
- 相対論の意味　アインシュタイン 矢野健太郎訳
- アインシュタイン 一般相対性理論　小玉英雄編訳・解説
- 自然美と其驚異　ジョン・ラバック 板倉勝忠訳
- ダーウィニズム論集　八杉龍一編訳

近世数学史談　高木貞治

ニールス・ボーア論文集1 因果性と相補性　山本義隆編訳

ニールス・ボーア論文集2 量子力学の誕生　山本義隆編訳

ハッブル 銀河の世界　戎崎俊一訳

パロマーの巨人望遠鏡 全二冊　D・O・ウッドベリー　関正雄・湯澤博・成相恭二訳

生物から見た世界　ユクスキュル・クリサート　日高敏隆・羽田節子訳

ゲーデル 不完全性定理　林晋・八杉満利子訳

日本の酒　坂口謹一郎

ウィーナー サイバネティックス ―動物と機械における制御と通信　池原止戈夫・彌永昌吉・室賀三郎・戸田巌訳

熱輻射論講義　マックス・プランク　西尾成子訳

コレラの感染様式について　ジョン・スノウ　山本太郎訳

20世紀科学論文集 現代宇宙論の誕生　須藤靖編

高峰譲吉文集 いかにして発明国民となるべきか　鈴木淳編

相対性理論の起原 他四篇　廣重徹　西尾成子編

ガリレオ・ガリレイの生涯 他二篇　ヴィンチェンツォ・ヴィヴィアーニ　田中一郎訳

精選 物理の散歩道　ロゲルギスト　松浦壮訳

気体論講義 全二冊　ルートヴィヒ・ボルツマン　稲葉肇訳

《ドイツ文学》〔赤〕

- ニーベルンゲンの歌 全二冊 — 相良守峯訳
- 若きウェルテルの悩み — ゲーテ 竹山道雄訳
- ヴィルヘルム・マイスターの修業時代 全三冊 — ゲーテ 山崎章甫訳
- イタリア紀行 全三冊 — ゲーテ 相良守峯訳
- ファウスト 全二冊 — ゲーテ 相良守峯訳
- ゲーテとの対話 全三冊 — エッカーマン 山下肇訳
- 青い花 — ノヴァーリス 青山隆夫訳
- 夜の讃歌・サイスの弟子たち 他一篇 — ノヴァーリス 今泉文子訳
- 完訳 グリム童話集 全五冊 — 金田鬼一訳
- 黄金の壺 — ホフマン 神品芳夫訳
- ホフマン短篇集 — 池内紀編訳
- ミヒャエル・コールハース チリの地震 他一篇 — クライスト 山口裕之訳
- 影をなくした男 — シャミッソー 池内紀訳
- 流刑の神々・精霊物語 — ハイネ 小沢俊夫訳
- 戯曲 ニーベルンゲン — ヘッベル 香田芳樹訳
- みずうみ 他四篇 — シュトルム 関泰祐訳
- 沈鐘 — ハウプトマン 阿部六郎訳
- 地霊・パンドラの箱 ルル二部作 — F・ヴェデキント 岩淵達治訳
- ゲオルゲ詩集 — 手塚富雄訳
- リルケ詩集 — 高安国世訳
- ドゥイノの悲歌 — リルケ 手塚富雄訳
- ブッデンブローク家の人びと 全三冊 — トーマス・マン 望月市恵訳
- 魔の山 全二冊 — トーマス・マン 関泰祐 望月市恵訳
- ヴェニスに死す — トオマス・マン 実吉捷郎訳
- 講演集 ドイツとドイツ人 他五篇 — トーマス・マン 青木順三訳
- 講演集 リヒァルト・ヴァーグナーの苦悩と偉大 他一篇 — トーマス・マン 青木順三訳
- 車輪の下 — ヘルマン・ヘッセ 実吉捷郎訳
- デミアン — ヘルマン・ヘッセ 実吉捷郎訳
- シッダルタ — ヘッセ 手塚富雄訳
- 幼年時代 — カロッサ 斎藤栄治訳
- マリー・アントワネット 全二冊 — シュテファン・ツワイク 高橋禎二 秋山英夫訳
- ジョゼフ・フーシェ —ある政治的人間の肖像 — シュテファン・ツワイク 高橋禎二 秋山英夫訳
- 変身・断食芸人 — カフカ 山下肇 山下萬里訳
- 審判 — カフカ 辻瑆訳
- カフカ短篇集 — 池内紀編訳
- カフカ寓話集 — 池内紀編訳
- ドイツ炉辺ばなし集 —カレンダーゲシヒテン — ヘーベル 木下康光編訳
- インド紀行 全二冊 — ボンゼルス 実吉捷郎訳
- ドイツ名詩選 — 生野幸吉 檜山哲彦編
- 聖なる酔っぱらいの伝説 他四篇 — ヨーゼフ・ロート 池内紀訳
- ボードレール 他五篇 —ベンヤミンの仕事2 — ベンヤミン 野村修編訳
- パサージュ論 全五冊 — ヴァルター・ベンヤミン 今村仁司・三島憲一 大貫敦子・高橋順一 塚原史・細見和之 村岡晋一・山本尤 横張誠・興謝野文子 吉村和明 訳
- ジャクリーヌと日本人 — ヤーコプ 相良守峯訳
- 人生処方詩集 — エーリヒ・ケストナー 小松太郎訳
- 終戦日記一九四五 — エーリヒ・ケストナー 酒寄進一訳
- 独裁者の学校 — エーリヒ・ケストナー 酒寄進一訳
- 第七の十字架 全二冊 — アンナ・ゼーガース 山下肇 新村浩訳
- ウンラート教授 あるいは一暴君の末路 — ハインリヒ・マン 今井敦訳
- フリードリヒ・シュレーゲル 断章集 — 武田利勝訳

《フランス文学》〔赤〕

- ラブレー第一之書 ガルガンチュワ物語　渡辺一夫訳
- ラブレー第二之書 パンタグリュエル物語　渡辺一夫訳
- ラブレー第三之書 パンタグリュエル物語　渡辺一夫訳
- ラブレー第四之書 パンタグリュエル物語　渡辺一夫訳
- ラブレー第五之書 パンタグリュエル物語　渡辺一夫訳
- エセー 全六冊　モンテーニュ 原二郎訳
- ラ・ロシュフコー箴言集　二宮フサ訳
- ブリタニキュス ベレニス　ラシーヌ 渡辺守章訳
- いやいやながら医者にされ　モリエール 鈴木力衛訳
- 完訳 ペロー童話集　新倉朗子訳
- ラ・フォンテーヌ 寓話 全二冊　ラ・フォンテーヌ 今野一雄訳
- カンディード 他五篇　ヴォルテール 植田祐次訳
- 哲学書簡　ヴォルテール 林達夫訳
- ルイ十四世の世紀 全四冊　ヴォルテール 丸山熊雄訳
- 美味礼讃 全二冊　ブリアーサヴァラン 関根秀雄・戸部松実訳
- アドルフ　コンスタン 大塚幸男訳
- 近代人の自由と古代人の自由・征服の精神と簒奪 他一篇　コンスタン 堤林剣・堤林恵訳
- 恋愛論 全二冊　スタンダール 杉本圭子訳
- 赤と黒 全二冊　スタンダール 桑原武夫・生島遼一訳
- ゴリオ爺さん 全二冊　バルザック 高山鉄男訳
- 艶笑滑稽譚 全三冊　バルザック 石井晴一訳
- 「人間喜劇」総序・金色の眼の娘　バルザック 西川祐子訳
- レ・ミゼラブル 全四冊　ユーゴー 豊島与志雄訳
- ノートル＝ダム・ド・パリ 全二冊　ユーゴー 辻昶・松下和則訳
- モンテ・クリスト伯 全七冊　アレクサンドル・デュマ 山内義雄訳
- 三銃士 全二冊　デュマ 生島遼一訳
- カルメン　メリメ 杉捷夫訳
- 愛の妖精（プチット・ファデット）　ジョルジュ・サンド 宮崎嶺雄訳
- ボオドレール 悪の華　鈴木信太郎訳
- パリの憂愁　ボードレール 福永武彦訳
- ボヴァリー夫人 全二冊　フローベール 伊吹武彦訳
- 紋切型辞典　フローベール 小倉孝誠訳
- サラムボー 全二冊　フローベール 中條屋進訳
- 未来のイヴ 全二冊　ヴィリエ・ド・リラダン 渡辺一夫訳
- 風車小屋だより　ドーデー 桜田佐訳
- パリ風俗 サフォ　ドーデー 朝倉季雄訳
- 神々は渇く　アナトール・フランス 大塚幸男訳
- 獣人 全二冊　エミール・ゾラ 川口篤訳
- マラルメ詩集　渡辺守章訳
- 脂肪のかたまり　モーパッサン 高山鉄男訳
- メゾンテリエ 他三篇　モーパッサン 河盛好蔵訳
- モーパッサン短篇選　高山鉄男編訳
- わたしたちの心　モーパッサン 笠間直穂子訳
- 地獄の季節　ランボオ 小林秀雄訳
- 対訳 ランボー詩集 —フランス詩人選(1)　中地義和編
- にんじん　ルナアル 岸田国士訳
- ジャン・クリストフ 全四冊　ロマン・ローラン 豊島与志雄訳
- ベートーヴェンの生涯　ロマン・ロラン 片山敏彦訳
- ミレー　ロマン・ロラン 蛯原徳夫訳
- 狭き門　アンドレ・ジイド 川口篤訳

- モンテーニュ論　アンドレ・ジイド　渡辺一夫訳
- ヴァレリー詩集　ポール・ヴァレリー　鈴木信太郎訳
- エウパリノス　魂と舞踏　樹についての対話　ポール・ヴァレリー　清水徹訳
- 精神の危機　他十五篇　ポール・ヴァレリー　恒川邦夫訳
- ドガ　ダンス　デッサン　ポール・ヴァレリー　塚本昌則訳
- シラノ・ド・ベルジュラック　ロスタン　辰野隆・鈴木信太郎訳
- 海の沈黙・星への歩み　ヴェルコール　河野與一・加藤周一訳
- 地底旅行　ジュール・ヴェルヌ　朝比奈弘治訳
- 八十日間世界一周　ジュール・ヴェルヌ　鈴木啓二訳
- 海底二万里　全二冊　ジュール・ヴェルヌ　朝比奈美知子訳
- 火の娘たち　ネルヴァル　野崎歓訳
- シェリ　コレット　工藤庸子訳
- シェリの最後　コレット　工藤庸子訳
- 生きている過去　レニエ　窪田般彌訳
- シュルレアリスム宣言・溶ける魚　アンドレ・ブルトン　巖谷國士訳
- ナジャ　アンドレ・ブルトン　巖谷國士訳
- とどめの一撃　ユルスナール　岩崎力訳

- フランス名詩選　安藤元雄・入沢康夫・渋沢孝輔編
- 繻子の靴　全二冊　ポール・クローデル　渡辺守章訳
- A・O・バルナブース全集　全二冊　ヴァレリー・ラルボー　岩崎力訳
- 心変わり　ミシェル・ビュトール　清水徹訳
- 楽しみと日々　プルースト　岩崎力訳
- 失われた時を求めて　全十四冊　プルースト　吉川一義訳
- 星の王子さま　サン＝テグジュペリ　内藤濯訳
- プレヴェール詩集　小笠原豊樹訳
- ペスト　カミュ　三野博司訳
- サラゴサ手稿　全三冊　ヤン・ポトツキ　畑浩一郎訳
- モイラ　ジュリアン・グリーン　石井洋二郎訳

《別冊》

- 増補 フランス文学案内　渡辺一夫・鈴木力衛
- 増補 ドイツ文学案内　手塚富雄・神品芳夫
- ことばの花束　—岩波文庫の名句365—　岩波文庫編集部編
- 愛のことば　—岩波文庫から—　岩波文庫編集部編
- 世界文学のすすめ　大岡信・奥本大三郎・川村二郎・小池滋・沼野充義編
- 近代日本文学のすすめ　大岡信・加賀乙彦・菅野昭正・曾根博義・十川信介編
- 近代日本思想案内　鹿野政直
- 近代日本文学案内　十川信介
- ポケットアンソロジー この愛のゆくえ　中村邦生編
- スペイン文学案内　佐竹謙一
- 一日一文　英知のことば　木田元編
- 声でたのしむ 美しい日本の詩　大岡信・谷川俊太郎編

岩波文庫の最新刊

宮沢俊義著／長谷部恭男編
八月革命と国民主権主義 他五篇
ポツダム宣言の受諾は、天皇主権から国民主権への革命であった。新憲法制定の正当性を主張した「八月革命」説をめぐる論文集。「国民代表の概念」等も収録。〔青N一二一-二〕 **定価一〇〇一円**

トーマス・マン作／小黒康正訳
トーニオ・クレーガー
芸術への愛と市民的生活との間で葛藤する青年トーニオ。自己探求の旅の途上でかつて憧れた二人の幻影を見た彼は、何を悟るのか。新訳。〔赤四三四-〇〕 **定価六二七円**

行方昭夫編訳
お許しいただければ
—続イギリス・コラム傑作選—
隣人の騒音問題から当時の世界情勢まで、誰にとっても身近な出来事をユーモアたっぷりに語る、ガードナー、ルーカス、リンド、ミルンの名エッセイ。〔赤N二〇一-二〕 **定価九三五円**

ル・クレジオ著／管啓次郎訳
歌の祭り
南北両アメリカ先住民の生活の美しさと秘められた知恵、そして深遠な宇宙観を、みずみずしく硬質な文体で描く、しずかな抒情と宇宙論的ひろがりをたたえた民族誌。〔赤N五〇九-三〕 **定価一一五五円**

……今月の重版再開……

柳田国男著
蝸牛考
〔青一三八-七〕 **定価九三五円**

高井としを著
わたしの「女工哀史」
〔青N一一六-一〕 **定価一〇七八円**

定価は消費税10％込です　2025.6

岩波文庫の最新刊

バルガス＝リョサ作／旦 敬介訳

世界終末戦争（上）

十九世紀のブラジルに現れたコンセリェイロおよびその使徒たちと、彼らを殲滅しようとする中央政府軍の死闘を描く、ノーベル賞作家、円熟の巨篇。（全二冊）

〔赤七九六-六〕 **定価一五〇七円**

大田洋子作

屍の街・夕凪の街と人と

自身の広島での被爆体験をもとに、原爆投下後の惨状や、人生を破壊され戦後も苦しむ人々の姿を描いた、原爆文学の主要二作。（解説＝江刺昭子）

〔緑二三七-一〕 **定価一三八六円**

ブーニン作／高橋知之訳

ミーチャの恋・日射病 他十篇

人間を捕らえる愛の諸相を精緻な文体で描いた亡命ロシア人作家イワン・ブーニン（一八七〇―一九五三）。作家が自ら編んだ珠玉の中短編小説集、初の文庫化。

〔赤六四九-一〕 **定価一一五五円**

太宰 治作／安藤 宏編

惜別・パンドラの匣

日本留学中の青年魯迅をモデルに描く「惜別」と、結核療養所を舞台としたみずみずしい恋愛小説「パンドラの匣」、〈青春小説〉二篇。（注＝斎藤理生、解説＝安藤宏）

〔緑九〇-一二〕 **定価一二二一円**

……今月の重版再開……

山田 準・五弓安二郎訳註

佐藤一斎 **言志四録**

定価一五〇七円 〔青三一-一〕

山本義彦編

清沢洌評論集

定価一二一〇円 〔青一七八-一〕